MISTERIOS INEXPLICABLES

DEL CIELO Y LA TIERRA

RON PHILLIPS, DMin

CASA
CREACIÓN

La mayoría de los productos de Casa Creación están disponibles a un precio con descuento en cantidades de mayoreo para promociones de ventas, ofertas especiales, levantar fondos y atender necesidades educativas. Para más información, escriba a Casa Creación, 600 Rinehart Road, Lake Mary, Florida, 32746; o llame al teléfono (407) 333-7117 en Estados Unidos.

Misterios inexplicables del cielo y la tierra por Ron Phillips
Publicado por Casa Creación
Una compañía de Charisma Media
600 Rinehart Road
Lake Mary, Florida 32746
www.casacreacion.com

A menos que se exprese lo contrario, el texto bíblico ha sido tomado de la versión Reina-Valera © 1960 Sociedades Bíblicas en América Latina; © renovado 1988 Sociedades Bíblicas Unidas. Utilizado con permiso.

Traducido por: Conchita Ramos
Director de diseño: Bill Johnson

Originally published in the U.S.A. under the title:
Unexplained Mysteries of Heaven and Earth
Published by Charisma House, A Charisma Media Company
Copyright © 2013 Ron Phillips
All rights reserved

Visite la página web del autor: www.ronphillips.org

Library of Congress Control Number: 2013945758
ISBN: 978-1-62136-420-7
E-book ISBN: 978-1-62136-437-5

Nota de la editorial: Aunque el autor hizo todo lo posible por proveer teléfonos y páginas de internet correctas al momento de la publicación de este libro, ni la editorial ni el autor se responsabilizan por errores o cambios que puedan surgir luego de haberse publicado.

Impreso en los Estados Unidos de América
13 14 15 16 17 * 7 6 5 4 3 2 1

CONTENIDO

RECONOCIMIENTOS

QUIERO AGRADECER A James Marler por su extensa y exhaustiva ayuda en la preparación del primer borrador de este libro. También a Bill Fry de la página web sobre arqueología anchorstone .com por darnos el permiso para explicar la meticulosa investigación del difunto Ron Wyatt para los capítulos 4, 8 y 9. Aprecio su enfoque franco del presunto descubrimiento del arca del pacto. Esta información es controversial y ha sido desafiada por muchos, y yo no pretendo afirmar su autenticidad. En un libro de misterio siempre habrá desacuerdos acerca de lo desconocido.

Gracias mil a los miembros de Abba's House y al personal y asociados de Ron Phillips Ministries. De igual manera se merece un gran agradecimiento Andrea Ridge por su capaz ayuda en todos mis ministerios.

Un agradecimiento final a Jevon Bolden y al excelente personal de Casa Creación.

PRÓLOGO

AUNQUE DAMOS GRACIAS por el testimonio de las Sagradas Escrituras y el clamor de nuestra propia conciencia como testimonio de nuestro Dios y Salvador, no hay más testigos. La Escritura indica con claridad que el mismo orden creativo clama como testigo de Dios. El Salmo 19:1 dice que "los cielos cuentan la gloria de Dios, y el firmamento anuncia la obra de sus manos".

La vasta expansión del espacio y su maravilla infinita declaran la gloria de Dios. Telescopios radiales detectan sonidos más allá de nuestra galaxia. La creación toda es una sinfonía divina. Más aún, dice la Escritura que "la verdad brotará de la tierra" (Salmo 85:11). El vasto e inexplicable misterio de la tierra exige que lo inspeccionemos y lo estudiemos.

Los canales de televisión estadounidenses, Discovery Channel, National Geographic Channel, History Channel, entre otros, exploran los vastos e inexplicables misterios de nuestra tierra, y sus programas atraen audiencias extensas. Más de la mitad de sus programas tienen que ver con misterios históricos, arqueológicos y científicos relacionados con nuestra Biblia.

Es por ese motivo que no rehúso investigar algunos de sus misterios. No afirmo que mi investigación sea infalible, y gran parte de ella, aunque extraída de fuentes fidedignas, es mi propia interpretación. Creo en las Escrituras que nos exigen estudiar estos misterios:

> Grandes son las obras de Jehová, buscadas de todos los que las quieren.
>
> —Salmo 111:2

No debemos temer el maravillarnos ante las antiguas obras de nuestro Señor:

> Por cuanto me has alegrado, oh Jehová, con tus obras; En las obras de tus manos me gozo. ¡Cuán grandes son tus obras, oh Jehová! Muy profundos son tus pensamientos. El hombre necio no sabe, y el insensato no entiende esto.
> —SALMO 92:4-6

Como a David, me encanta estudiar aquellas cosas antiguas que Dios ha marcado para nosotros en esta tierra:

> Me acordé de los días antiguos; Meditaba en todas tus obras; Reflexionaba en las obras de tus manos. Extendí mis manos a ti, mi alma a ti como la tierra sedienta.
> —SALMO 143:5-6

Ciertamente en estos últimos días nos conviene explorar los misterios de Dios y contemplar su grandeza. La vasta magnitud y alcance de su creación que constantemente se despliega ante nosotros nos debe mover a postrarnos en adoración y asombro.

Nuestro orgullo y arrogancia pueden ser quebrantados cuando exploramos los secretos de antaño y descubrimos que con Dios, en realidad "nada hay nuevo debajo del sol" (Eclesiastés 1:9).

Sabemos que los misterios del cielo y la tierra pueden ser revelados a aquellos que han sido bautizados en el Espíritu Santo. El Espíritu Santo es nuestra garantía de los misterios del cielo hasta que lleguemos allá. En Efesios 1:14 dice que el Espíritu Santo es "las arras de nuestra herencia hasta la redención de la posesión adquirida, para alabanza de su gloria".

Mientras tanto, como seres espirituales ¡podemos recibir las cosas que son de Dios! Podemos recibir la revelación o la iluminación de Dios para entender el orden de su creación.

> [Para que] el Dios de nuestro Señor Jesucristo, el Padre de gloria, os dé espíritu de sabiduría y de revelación en el conocimiento de él, alumbrando los ojos de vuestro entendimiento, para que sepáis cuál es la esperanza a que él os ha llamado, y cuáles las riquezas de la gloria de su herencia en los santos.
>
> —EFESIOS 1:17-18

Dios abrirá nuestros ojos para ver su verdad y nos dará la revelación de su poder en todas sus obras. Dios continúa mostrando su verdad hoy, no simplemente con la Escritura, sino con la verdad que abre los ojos de los perdidos. Debemos permanecer plantados con firmeza en esta "verdad presente".

> Por esto, yo no dejaré de recordaros siempre estas cosas, aunque vosotros las sepáis, y estéis confirmados en la verdad presente.
>
> —2 PEDRO 1:12

LA VERDAD EMERGE

En el Salmo 85:11 David escribió lo siguiente:

> La verdad brotará de la tierra, y la justicia mirará desde los cielos.

Este versículo, probablemente más que cualquier otro, encendió la llama que me propulsó a buscar aquellas señales en la tierra que hablan de la verdad de Dios, la Biblia, y el Evangelio de Jesucristo. Pero fue mientras meditaba en estas palabras de David, y en combinación con las palabras de Juan, el discípulo amado, que solidifiqué mi seguridad en compartir estos misterios. Haré referencia a estor versículos a través del libro, pero permítame primero crear la base.

En Juan 5:6-8 leemos:

> Éste es Jesucristo, que vino mediante agua y sangre; no mediante agua solamente, sino mediante agua y sangre. Y

el Espíritu es el que da testimonio; porque el Espíritu es la verdad. Porque tres son los que dan testimonio en el cielo: el Padre, el Verbo y el Espíritu Santo; y estos tres son uno. Y tres son los que dan testimonio en la tierra: el Espíritu, el agua y la sangre; y estos tres concuerdan.

Son tantos los que piensan que el cristianismo es simplemente una religión de "cuento de hadas" llena de serpientes y asnos que hablan, frutas y agua mágicas, místicos videntes y sanidades paranormales, pero no es así. El cristianismo es una religión basada en los hechos. Sí, la Biblia dice que tenemos testigos de la verdad de nuestra salvación en el cielo. Juan dice que el Padre, el Hijo y el Espíritu Santo—los tres y a la misma vez uno—dan testimonio de nuestra salvación en el cielo. Más aún, y más importantemente, para nuestro propósito aquí, Juan dice que están en la tierra, ahora, en este momento, otros testigos. Específicamente, el Espíritu, el agua y la sangre dan fe de esa verdad. Esto me dice que hay prueba física en el planeta de la verdad de las Escrituras.

Quizá esta evidencia se haya perdido en la leyenda y la tradición popular. A menudo he sido confrontado por personas que traen a la luz algunos de los mismos misterios que estudiaremos en este libro como prueba de que el cristianismo no puede ser verdadero. Creo que es importante para los creyentes que se armen de por lo menos información superficial acerca de estas cosas para que estén preparados, si se presenta la oportunidad, para hablar de estos asuntos.

Por lo tanto, vamos a explorar los misterios de la Biblia: históricos, científicos, prácticos, y teológicos. Los que hablamos en lenguas sabemos que hablamos "misterios" (1 Corintios 14:2—"Porque el que habla en lenguas no habla a los hombres, sino a Dios; pues nadie le entiende, aunque por el Espíritu habla misterios").

Tanto la palabra hebrea *raz* como la griega *mustérion,* ambas traducidas como "misterio", significan algo real que se esconde. Existe una historia real la cual no conocemos. Existe un Dios amante al cual podemos conocer. ¡Podemos ganar conocimiento! Esos escritos desean hacer que el lector quede maravillado y adore ante Dios. Nuestra meta no es oírle decir "Amén" sino "¡Guau! Dios es grande".

¡Por lo tanto, venga conmigo y viajemos más allá del tiempo, y echemos una mirada al Diluvio, la ciudad perdida de Atlantis, la Gran Pirámide de Giza, el Arca del Pacto, Melquisedec, Sodoma y Gomorra, los gigantes, Cristo, el Anticristo, el Rapto, plenitud espiritual, y otros misterios.

A veces usted dirá: "¡Yo no sabía esto!". Pero más que aprender datos, que conozca mejor la verdad de Dios y el Dios de la verdad.

Capítulo 1

El MISTERIO de la TIERRA ORIGINAL

UNO DE LOS más grandes misterios de la historia es la interrogante de, si la tierra es vieja, cómo es que la raza de Adán data de menos de diez mil años. Hay mucho desacuerdo hoy en día entre los cristianos acerca de la edad da la tierra. Existe una teoría llamada la "gap theory" ó la teoría del intervalo, la cual es congruente con la idea de una tierra vieja y una raza humana joven.

Según este punto de vista, un mundo hermoso y prístino existió en el pasado. Este mundo prehistórico fue creado por la palabra de Dios: "En el principio creó Dios los cielos y la tierra" (Génesis 1:1).

Nuestro universo con todas sus galaxias, sistemas solares vastas expansiones de espacio, tamaño, y misterios fue creado antes de nuestro tiempo. La ciencia declara que nuestro universo aún está en proceso de expansión, con estrellas que explotan e implosionan, y hasta sistemas solares que nacen.

Las Escrituras hablan de ese antiguo mundo. En 2 Pedro leemos:

> Éstos ignoran voluntariamente, que en el tiempo antiguo fueron hechos por la palabra de Dios los cielos, y también la tierra, que proviene del agua y por el agua subsiste, por lo cual el mundo de entonces pereció anegado en agua; pero los cielos y la tierra que existen ahora, están reservados por la misma palabra, guardados para el fuego en el día del juicio y de la perdición de los hombres impíos.

Nótese la frase "en el tiempo antiguo…los cielos y la tierra". Obviamente, nuestro Señor, a quien llamamos "el Anciano de Días", puso en marcha todo esto en un pasado lejano. Un sistema solar destruido había dejado a la tierra completamente inundada, de tal forma que parecía un corcho flotando en el agua. El texto dice: "el mundo de entonces pereció".

¡Este no es el diluvio de Noé sino una catástrofe mayor! Recuerde que en Génesis 1:2 se nos dice que "la tierra estaba *desordenada* y *vacía*, y las tinieblas estaban sobre la faz del abismo, y el Espíritu de Dios se movía sobre la faz de las aguas" (énfasis añadido).

Esto puede traducirse: "La tierra se convirtió en algo vacío y sin orden". Entre los primeros dos versículos de Génesis hubo un evento horrible y cataclísmico que destruyó por completo el antiguo y deshabitado mundo.

El pasaje en 2 Pedro 3 indica una destrucción total del mundo, pero ese no es el diluvio de Noé; todavía vivimos en el mismo mundo del diluvio de Noé.

Génesis 1:2 presenta un mundo inundado, un mundo en tinieblas cuya fuente de luz ha desaparecido. Sin lugar a dudas el planeta entero y su antiguo sistema solar habían sido destruidos en un evento cósmico más allá de nuestro entendimiento.

EL MUNDO ANTES DE ADÁN

Como puede ver, "el mundo de entonces" presenta un mundo que dejó sus huellas sobre el mundo de ahora. Estoy de acuerdo con Gaines Johnson y su excelente libro *The Bible Genesis & Geology* (Génesis y geología de la Biblia), cuando dice que la Biblia enseña claramente la teoría de tierras plurales. Éstos son los orígenes de los cielos y de la tierra cuando fueron creados, el día que Jehová Dios hizo la tierra y los cielos (Génesis 2:4).

La palabra *orígenes* está en plural, lo cual indica dos eventos creativos. La tierra tiene una historia antigua que es un misterio, y una historia más reciente que es la humanidad.

Lo que sucedió entre Génesis 1:1 y Génesis 1:2 dejó la tierra "desordenada y vacía". Isaías apoya la teoría del intervalo al declarar que Dios no creó la vieja tierra "en vano", o *tóju*. La tierra se convirtió *tóju*, según Génesis 1:2.

Ahora, esta tierra oscura y vacía estaba desprovista de toda vida. Cuando Dios dijo: "Sea la luz", aquella tierra inundada y destruida ¡a estaba presente! El mundo antiguo lleno de vida animal ya no existía.

¿Qué pasó con la vieja tierra?

Existen algunos destellos de este antiguo mundo. Desde luego, algunos están escritos en la naturaleza: el amplio estrato geológico, los fósiles, los dinosaurios, y las fuentes de energía de carbón. Toda la geología y la arqueología parecen señalar hacia un mundo muy viejo.

Pero, sin embargo, hay un destello bíblico claro de ese mundo. Ezequiel 28 registra un mundo en el que Lucifer reinaba y dirigía la adoración. El profeta Isaías también habla de la horrible caída de Lucifer que trajo la destrucción. Permítame compartir a continuación la explicación de este misterio.

Primero, Lucifer fue en su origen una hermosa criatura que reflejaba la gloria de Dios. Ezequiel 28:12 dice:

> Hijo de hombre, levanta endechas sobre el rey de Tiro, y dile: Así ha dicho Jehová el Señor: Tú eras el sello de la perfección, lleno de sabiduría, y acabado de hermosura.

Segundo, él gobernaba sobre la tierra desde una tierra llamada Edén la cual yo creo que era la capital del antiguo mundo. En ese lugar, Lucifer reflexionaba desde su cuerpo vestido de joyas la luz de la gloria de Dios. También dirigía la alabanza y la adoración para con todos los habitantes de la tierra, que incluía una vasta población de ángeles. Lucifer era el portador de la unción de Dios y le fue asignada la tarea de ser una cobertura protectora para el mundo angélico. Ezequiel continúa diciendo en los versículos 13-14:

> En Edén, en el huerto de Dios estuviste; de toda piedra preciosa era tu vestidura; de cornerina, topacio, jaspe, crisólito, berilo y ónice; de zafiro, carbunclo, esmeralda y oro; los primores de tus tamboriles y flautas estuvieron preparados para ti en el día de tu creación.
> Tú, querubín grande, protector, yo te puse en el santo monte de Dios, allí estuviste; en medio de las piedras de fuego te paseabas.

¡Este texto indica que Lucifer es un ser creado y es llamado un querubín! Los querubines son las criaturas de cuatro caras que se encuentran en los primeros capítulos de Ezequiel y en Apocalipsis 4. El número *cuatro* es el número de la tierra. La tarea de Lucifer era administrar el planeta para los propósitos de Dios.

Lucifer conocía los secretos del poder ilimitado para el planeta. Como acabamos de ver, Ezequiel 28:14 dice de él: "Tú, querubín grande, protector, yo te puse en el santo monte de Dios, allí estuviste; en medio de las piedras de fuego te paseabas". Yo creo que las piedras de fuego eran la fuente de energía del mundo antiguo. Estas piedras suministraban la luz, el calor y la energía a la vieja tierra. ¡Qué cuadro éste, de un planeta lleno de vida animal que se une con los ángeles y explota en alabanza a su Creador!

¡Entonces vino la tragedia! ¡Lucifer trató de traspasar le dimensión celestial y usurpar el trono de Dios con la tercera parte de los ángeles! El resultado fue una tremenda caída. Ezequiel 28:16-17 dice:

> A causa de la multitud de tus contrataciones fuiste lleno de iniquidad, y pecaste; por lo que yo te eché del monte de Dios, y te arrojé de entre las piedras del fuego, oh querubín protector.
>
> Se enalteció tu corazón a causa de tu hermosura, corrompiste tu sabiduría a causa de tu esplendor; yo te arrojaré por tierra; delante de los reyes te pondré para que miren en ti.

Isaías nos da una explicación más detallada de lo que sucedió en Isaías 14:13-14:

> Tú que decías en tu corazón: Subiré al cielo; en lo alto, junto a las estrellas de Dios, levantaré mi trono, y en el monte del testimonio me sentaré, a los lados del norte; sobre las alturas de las nubes subiré, y seré semejante al Altísimo.

Note el uso de Lucifer del verbo "subiré", donde luego descubre con claridad su meta, cuando dice: "seré semejante al Altísimo".

Esta decisión provocó una catástrofe cósmica que trajo repercusiones devastadoras a la tierra. La caída de Lucifer fue como un asteroide que cayó sobre el planeta. Toda la vida prehistórica fue destruida. Esta fue una caída de proporción monumental. ¡La tierra quedó desordenada y vacía! (Si desea informarse más acerca de vea mi libro *Una guía esencial para la guerra espiritual y los demonios*).

La entrada de Adán

Hace de seis a diez mil años, Dios vuelve al arruinado planeta y lo restaura. Desata la energía, restaura las órbitas alrededor del sol y mueve las aguas que están sobre la tierra. (¿Pudiera ser éste el mar de cristal al borde de las dimensiones celestes? Vea Apocalipsis 4:6).

Luego Dios visita el área llamada Edén en aquél antiguo

mundo. Allí Dios planta un huerto en medio de la vasta tierra de cuatro ríos. Escondido en el huerto está el antiguo querubín que se ha convertido en un monstruo, Lucifer, que ahora se llama Satanás.

Este es el misterio de cómo es posible que existan una tierra antigua y un Adán joven. ¡Hasta la caída de Satanás fue usada para preparar los recursos de energía que aún usamos hoy! Además, las pruebas ADN muestran solamente una pequeña conexión entre los seres humanos de hoy y los fósiles con semejanza humana del llamado hombre prehistórico (para el cromañón, una partícula en un millón).

¡Sin duda hubo creaciones de muchas clases en la antigua tierra. Pero fue sólo hace seis mil años que Dios nos puso aquí como portadores de su imagen!

EL MISTERIO REVELADO

El verdadero misterio de la antigua tierra es que no sabemos mucho en concreto acerca de ella. Pero lo que podemos saber nos sorprende. Dios creó esta tierra para nosotros. Es un lugar especial que debió haber sido la "sede" de la creación de Dios. A causa de la caída, se corrompió, pero tal como Dios restauró la antigua tierra y creó la que hoy conocemos, una vez más Él hará un nuevo cielo y una nueva tierra donde podamos vivir con Él como fue su intención original de vivir en el Edén por siempre.

Capítulo 2

El MISTERIO de los DÍAS de NOÉ

OS ESCÉPTICOS LO consideran absurdo. Se le considera constantemente como una corrupción de la Epopeya de Gilgamesh. El Diluvio Universal es una historia que, hasta donde sabemos, existe en más de seiscientas culturas. Los sociólogos y antropólogos nos dicen que mientras más a menudo vemos leyendas o mitos repetidos en diversas culturas, mayor es la posibilidad de que dicha leyenda tenga alguna verdad en la historia. Jesús dijo que los "días de Noé" serían una señal para nosotros (Lucas 17:26). Por lo tanto es importante que entendamos lo más posible acerca del mundo en el cual Noé vivió; un mundo tan depravado que Dios decidió que la única esperanza para la humanidad era aniquilar casi toda la raza y comenzar de nuevo. ¿Cómo era ese mundo?

LAS CARACTERÍSTICAS DE LOS DÍAS DE NOÉ

Durante los días de Noé hubo un rápido aumento de la población. Eso fue en parte debido a los largos años de vida de las personas. La edad de Noé cuando el diluvio ocurrió era unos impactantes seiscientos años, y vivió hasta los 950. Cada año del calendario ofrece la oportunidad de nacer a por lo menos una persona. Cuando Noé comenzó a construir el arca, el mundo llevaba en existencia por lo menos 1 600 años. Esto nos dice que si la duración de una vida era un promedio de cuatrocientos años, y una familia sólo tenía seis hijos, bien podemos estimar que la población del mundo antes del diluvio era de aproximadamente siete mil millones de personas. Hablando sociológicamente, mientras más personas en la población, más se acelera la maldad.

Sabemos además que durante los días de Noé hubo grandes avances en la tecnología y la civilización. Caín había enseñado a las gentes a vivir en ciudades, en vez del estilo de vida beduino. "Y conoció Caín a su mujer, la cual concibió y dio a luz a Enoc; y edificó una ciudad, y llamó el nombre de la ciudad del nombre de su hijo, Enoc" (Génesis 4:17). Para aliviar la dureza del trabajo se introdujeron la mecánica y las artes. Sólo tenemos indicios vagos acerca de la civilización, el arte, y las invenciones de la gente de la era prediluvial.

Sólo unas generaciones después de Caín leemos acerca de Jabal, quien encabezó una revolución de ganadería (Génesis 4:20), su hermano Jubal, a quien se le llama "el padre de todos los que tocan arpa y flauta" (Génesis 4:21), y su hermano Tubal-Caín, artífice de toda obra de bronce y de hierro (Génesis 4:22).

Las maravillas antes del Diluvio

Muchos creen que la Gran Pirámide de Giza (de la cual hablaremos en el capítulo 3) fue construida antes del Diluvio y fue renovada y ampliada por Khufu el faraón egipcio, señalando su estructura, su construcción sobre roca sólida, su fundamento, y la ciencia.

La biblioteca asiria de Agade fue establecida por Sargón, el rey acádico en Uruk, la llamada "ciudad de los libros".[1] La biblioteca existió allá por el 2650 a. C. y contenía libros, tabletas, rollos, y arte. Según el antiguo historiador Berossus, fue aquí donde Noé enterró el contenido de la vieja biblioteca en vasijas impermeables, desenterrándolas después del diluvio.[2]

LA CORRUPCIÓN DURANTE LOS DÍAS DE NOÉ

En la sección previa hice mención de la explosión en la población. Un aspecto importante de esto es que la población no estaba explotando con humanos solamente. Génesis 6:1-2 nos dice:

> Aconteció que cuando comenzaron los hombres a multiplicarse sobre la faz de la tierra, y les nacieron hijas, que viendo los hijos de Dios que las hijas de los hombres eran hermosas, tomaron para sí mujeres, escogiendo entre todas.

Aquí vemos el matrimonio interracial de los descendientes de Caín y Set con demonios encarnados. Esto produjo una raza de seres humanos llamados "gigantes" en la Biblia en español. Literalmente son *Nefilim*, que significa "los caídos", y habitaban la tierra de Canaán (esta opinión es apoyada por Flavio Josefo[3] y por Philo Judaeus[4]). Estos seres produjeron una raza infrahumana o híbrida antes del Diluvio. Estos seres híbridos pueden ser los seres que luego se convirtieron en los antiguos dioses de la mitología. (Ver *The Fallen Angels and the Heroes of Mythology* [Los ángeles caídos y los héroes de la mitología] por John Fleming). Esta raza trajo a la tierra la inmoralidad, el crimen, el terror, y la guerra. En Números 13:32-33 se nos muestra un cuadro doloroso de lo que cómo esto puede haber sido:

> Y hablaron mal entre los hijos de Israel, de la tierra que habían reconocido, diciendo: La tierra por donde pasamos para reconocerla, es tierra que traga a sus moradores; y todo el pueblo que vimos en medio de ella son hombres de grande estatura. También vimos allí gigantes, hijos de Anac, raza de los gigantes, y éramos nosotros, a nuestro parecer, como langostas; y así les parecíamos a ellos.

Como podemos ver estos híbridos estaban presentes cuando los hijos de Israel entraron a la tierra de la promesa.

David al fin los exterminó (creemos). La raza humana parece que experimentó esta actividad antes del Diluvio y luego al tomar Canaán durante el Éxodo. En los últimos días este hoyo se abrirá y el anticristo será la simiente de Satanás nacido de mujer.

Los nefilim

Estos ángeles caídos, los nefilim, abandonaron su propio estado para cohabitar con mujeres y produjeron horror en la tierra. Estos demonios interrumpieron el orden de Dios en la tierra. Por eso vino el Diluvio. Esto explica la orden de Dios de matar a los habitantes de Canaán. Muchos de ellos no eran totalmente humanos.

Como aclaración, es preciso explicar que aunque esta población inicial de los nefilim fue eliminada por el Diluvio, la abominación se repitió. En Génesis 6:4 leemos:

> Había gigantes en la tierra en aquellos días, *y también después* que se llegaron los hijos de Dios a las hijas de los hombres, y les engendraron hijos. Éstos fueron los valientes que desde la antigüedad fueron varones de renombre.
>
> —ÉNFASIS AÑADIDO

Esto indica que después del Diluvio estos ángeles caídos volvieron y procrearon con las "hijas de los hombres". Pero, ¿Es esto solo una "historia" de la Biblia? ¿Pudiera haber sucedido en realidad?

El maravilloso aspecto de esto es que la Palabra de Dios es verdadera, y la verdad de hecho "brota de la tierra". Los nefilim son, como algunos han dicho, "la basura debajo de la alfombra", el problema que nadie quiere ver, entre las comunidades arqueológicas, antropológicas, y científicas. He aquí algunos ejemplos interesantes:

- En 1692 se descubrió un esqueleto cerca de Angers, Francia, de un hombre que medía diecisiete pies con cuatro pulgadas (5.3 m).[5]

- En 1950, en el valle del río Éufrates, al sureste de Turquía, se encontraron varias tumbas que contenían esqueletos completos de gigantes entre catorce y dieciséis pies de estatura (4.3-4.9 m).[6]

- Excavaciones en China han descubierto restos de esqueletos de gigantes de más de quince pies de estatura (4.6 m).[7]

Pero las pruebas no se limitan a restos de esqueletos.

- En el Museo Arqueológico Heraklion, en Creta, hay una exhibición de antiguas hachas de batalla de bronce, que datan de los 1700 a. C. Esto no es tan raro, hasta que consideramos que estas hachas miden más de cinco pies de largo (1.5 m). Y no son, como algunos piensan, artículos de decoración, sino que muestran señales de haber sido usadas en batalla.

- En las minas de cobre Great Orme en la aldea costeña de Llandudno, en el norte de Gales se han encontrado mandarrias que pesan más de sesenta libras (27 kg).[8] Estas mandarrias, usadas para extraer el cobre, hubieran tenido mangos de nueve pies aproximadamente (2.75 m).[9]

¡Cuán maravilloso es que la verdad de Dios brota de la tierra hoy en día!

Las crueldades en los días de Noé

Durante el siglo que le tomó a Noé y a su familia más o menos para construir el arca, Noé advertía con frecuencia al pueblo del diluvio que se aproximaba, ¡pero nadie hizo caso a sus advertencias! Había una indiferencia hacia sus palabras y hacia el proyecto de construcción y sus advertencias, y las cosas procedían con toda normalidad. También sabemos que Enoc predicaba y advertía a las gentes:

> De éstos también profetizó Enoc, séptimo desde Adán, diciendo: He aquí, vino el Señor con sus santas decenas de millares, para hacer juicio contra todos, y dejar convictos a todos los impíos de todas sus obras impías que han hecho impíamente, y de todas las cosas duras que los pecadores impíos han hablado contra él.
>
> —JUDAS 14-15

El problema no estaba en la predicación ni en las advertencias, tampoco estaba en la verdad; estaba en que la gente de los días de Noé no podía molestarse para escuchar las advertencias.

EL SIGNIFICADO DE UN NOMBRE

Conozco a padres que han luchado con qué nombre ponerle a su hijo, y quieren ese balance perfecto de importancia familiar, ritmo silábico, y significado. Hay evidencia en la Biblia del significado que tiene el nombre que damos a nuestros hijos. Esto es más cierto en Génesis de lo que podamos imaginar.

Vemos que el linaje de Noé es claro. Lamec, su padre, fue hijo de Matusalén (el hombre más anciano que jamás vivió), quien era hijo de Enoc, quien era hijo de Jared, quien era hijo de Mahalaleel, quien era hijo de Kenan (o Cainán), quien era hijo de Enós, quien era hijo de Set, quien era hijo de Adán (Génesis 5).

Ahora bien, yo sé que esto se parece al comienzo del evangelio de Mateo, pero lo incluyo para mostrarle un maravilloso evangelio. El nombre Adán procede de la palabra hebrea que significa "hombre". Set, el hijo de Adán fue el designado para remplazar la pérdida de Caín, y de Abel, quien éste asesinó. Su nombre significa "designado". El nombre *Enós* es algo mañoso pues significa a la vez "lamentable" y "malvado", pero también "mortal". El nombre *Kenan* significa "dolor" mientras que su hijo Mahalaleel tenía un nombre que significa "el bendecido de Dios". El nombre *Jared* significa "descender" o "uno que desciende", mientras que su hijo Enoc tenía un nombre que significa "maestro" o "uno que enseña".

Matusalén, quien murió el mismo año del Diluvio, tenía un nombre que significa "su muerte lo traerá". Lamec, el padre de Noé tenía un nombre que significa "desesperación" o "uno que se desespera", mientras que el nombre de Noé significa "consuelo" o "descanso".

Cuando miramos a este linaje de hombres vemos un evangelio escondido en el significado de sus nombres. Cuando miramos más allá de la superficie vemos que "hombre, designado, lamentable, malvado, mortal, dolor" (Adán, Set, y Enós). Pero "el bendecido de Dios desciende enseñando" (Mahalaleel, Jared, y Enoc). Y "su muerte traerá a los desesperados consuelo" (Matusalén, Lamec, y Noé). ¡Qué hermoso cuadro es este de nuestro Señor y Salvador!

EL MISTERIO REVELADO

Durante los pasados dos siglos el crecimiento de la población del mundo ha sido asombroso. En el año 1800 se estimaba que la población mundial era de unos mil millones de personas. Para el 1900 la población no había alcanzado los dos mil millones. Sin embargo, comenzando desde el 1950, el número (entonces dos mil quinientos millones) comenzó a crecer con rapidez. Para el año 2000 ya había alcanzado los seis mil millones, y en el 2010, siete mil millones.[10] Los estimados de la ONU para el próximo siglo son apabullantes. Por lo bajo, cuando tomamos en cuenta las enfermedades y las guerras, puede que la población aminore a poco más de seis mil millones. Las posibilidades más altas ponen esta cifra en más de quince mil millones. Las expectativas promedio son que para el 2100 la población del mundo llegará a unos diez mil millones de personas.[11]

El siglo XX mostró adelantos dramáticos en la tecnología.

Siempre me maravilla saber que hay gente que no sabe que una computadora era antes del tamaño de una pequeña casa. Existe una frase entre los círculos informáticos llamada "Moore's Law" (o la ley de Moore), que dice que la velocidad de los procesadores, y la potencia procesadora total de las computadoras se duplicarán cada dos años. Esto, desde luego, afecta la velocidad de procesamiento de las computadoras, lo cual afecta la cantidad de instrucciones por segundo (IPS, medidos por miles y millones) que la computadora puede desempeñar.

En 1971, el procesador Intel 4004 podía desempeñar solo ,092 MIPS. En 1982 el procesador Intel 80286 podía procesar 2,66 MIPS. Ya en el 2011, el procesador Intel Core 17-Extreme Edition 3960X podía procesar 177 730 MIPS. Piénselo bien. Ese procesador Intel Core puede desempeñar 177 730 000 000 instrucciones por segundo. Además, el espacio de almacenamiento de las computadoras ha aumentado dramáticamente en las recientes décadas. Ahora es posible llevar con nosotros más información que la que contiene una pequeña biblioteca en una llave USB más pequeña que el dedo pulgar.

Es tan fácil ver lo que Dios quiso decir cuando comentó del pueblo reunido en la Torre de Babel: "Nada les hará desistir ahora de lo que han pensado hacer (Génesis 11:6). El conocimiento aumenta con intensa rapidez. Considere la profecía de Daniel:

> En aquel tiempo se levantará Miguel, el gran príncipe que está de parte de los hijos de tu pueblo; y será tiempo de angustia, cual nunca fue desde que hubo gente hasta entonces; pero en aquel tiempo será libertado tu pueblo, todos los que se hallen escritos en el libro. Y muchos de los que duermen en el polvo de la tierra serán despertados, unos para vida eterna, y otros para vergüenza y confusión perpetua. Los entendidos resplandecerán como el resplandor del firmamento; y los que enseñan la justicia a la multitud, como las estrellas a perpetua eternidad.

Pero tú, Daniel, cierra las palabras y sella el libro hasta el tiempo del fin. Muchos correrán de aquí para allá, y la ciencia se aumentará.

—DANIEL 12:1-4

Jesús se refirió a "los días de Noé" como una señal de los últimos tiempos. Antes que él vuelva, la generación de Enoc será levantada. La generación judía postrera atravesará el Diluvio (o el tiempo de la Tribulación). En Lucas 17:20-27 Jesús lo declara así:

Preguntado por los fariseos, cuándo había de venir el reino de Dios, les respondió y dijo: El reino de Dios no vendrá con advertencia, ni dirán: Helo aquí, o helo allí; porque he aquí el reino de Dios está entre vosotros.

Y dijo a sus discípulos: Tiempo vendrá cuando desearéis ver uno de los días del Hijo del Hombre, y no lo veréis. Y os dirán: Helo aquí, o helo allí. No vayáis, ni los sigáis. Porque como el relámpago que al fulgurar resplandece desde un extremo del cielo hasta el otro, así también será el Hijo del Hombre en su día. Pero primero es necesario que padezca mucho, y sea desechado por esta generación. Como fue en los días de Noé, así también será en los días del Hijo del Hombre. Comían, bebían, se casaban y se daban en casamiento, hasta el día en que entró Noé en el arca, y vino el diluvio y los destruyó a todos.

No sea contado entre los que no ven las señales de la venida de Cristo. Noé predicó a los perdidos de su tiempo por más de un siglo. Hoy el misterio nos es revelado para que nadie sufra el diluvio sin advertencia y sin el conocimiento de que Cristo ha preparado un camino para usted, para mí, para todos nosotros; para que podamos escapar el diluvio del juicio venidero.

Capítulo 3

El MISTERIO *de la* GRAN PIRÁMIDE

CERCA DEL CAIRO se encuentra la última de las siete maravillas del mundo antiguo: la Gran Pirámide de Giza. Esta fue la primera y las más grande de las veintitrés encontradas en Giza Necrópolis. Cosa rara, pueden encontrarse estructuras en forma de pirámide por todo el mundo. Estoy convencido de que este edificio es un sermón escrito en piedra, que el Señor dejó como testigo de su existencia divina. De su grandeza. De su plan. Dice la tradición del mundo de la Gran Pirámide que fue el faraón Khufu quien la construyó. Pero estudios postreros indican que Khufu la reclamó como suya y entonces la reconstruyó o la expandió. En 1857, Auguste Mariette descubrió una estela (una piedra jeroglífica que cuenta una historia) donde Khufu habla de su propio descubrimiento de la Gran Pirámide. La estela dice de Khufu: "El reconstruyó el templo de piedra".[1] Khufu construyó las tres pirámides más pequeñas a su alrededor para su familia.

Hay incontables teorías en cuanto al edificio en sí. Algunos dicen que "dioses" o "seres extraterrestres" vinieron y la construyeron. Hay teorías que afirman que la pirámide debió haber sido construida por la civilización prediluviana. Yo opino que por lo menos un personaje bíblico estuvo involucrado—quizá Set, pero de nuevo, en mi opinión, puede haber sido Job—y guiado por la mano de Dios.

Herodoto habló de un "notable extraño" que era también pastor, vivió en Egipto durante el tiempo del faraón Khufu y construyó la pirámide de Giza. Tanto los historiadores egipcios como los griegos le llaman "Philitis". Josefo habla de "reyes pastores que tenían en sus manos al poderoso Egipto". A estos reyes pastores se les conocía como Hyskos y eran los poderosos árabes del pasado. Joseph Seis, erudito e historiador bíblico dice que el árabe era Job. Seis dice que Dios habla de la imagen de la pirámide y compara la construcción de Job con la creación de Dios del mundo.[2] En Job 38:2-7 leemos:

> ¿Quién es ése que oscurece el consejo con palabras sin sabiduría? Ahora ciñe como varón tus lomos; Yo te preguntaré, y tú me contestarás.
> ¿Dónde estabas tú cuando yo fundaba la tierra? Házmelo saber, si tienes inteligencia. ¿Quién ordenó sus medidas, si lo sabes? ¿O quién extendió sobre ella cordel? ¿Sobre qué están fundadas sus bases? ¿O quién puso su piedra angular, cuando alababan todas las estrellas del alba, y se regocijaban todos los hijos de Dios?

Para que esta ilustración tenga sentido Job tiene que haber tenido conocimiento del lenguaje y los principios de la construcción. Si Dios consideró que este edificio tenía suficiente importancia como para mencionársela a Job, entonces consideremos la construcción de la pirámide y la relación que tiene con la tierra, la ciencia, y las matemáticas en general.

La maravilla de la pirámide

Cuando estaba intacta en su totalidad, la pirámide consistía de más de dos millones de piedras, cada una de ellas pesaba entre 2.5 y 15 toneladas[3] (189 y 1137 arrobas). Las junturas de mortero eran de solo la quincuagésima parte de una pulgada (o de dos centímetros y medio).[4] La pirámide está construida en una meseta de trece acres de puro granito (5,26 hectáreas).[5] Esto cubre el área de cinco cuadras en una ciudad. La pirámide descansa sobre el centro exacto de la masa terrestre, en el centro de gravedad de los continentes. La pirámide apunta al verdadero norte, con una inclinación de solo tres minutos de un grado. En contraste, la inclinación del *Observatoire de Paris* que fuera construido en 1667 es de seis minutos.[6] Esto puede que no parezca importante hasta que consideramos que las construcciones de estos dos edificios están separadas por más de tres mil quinientos años, y la inclinación de la Pirámide de Giza puede ser relegada a un cambio en la polaridad de la tierra, o a movimientos en la placa tectónica africana.

Las medidas de la pirámide son sorprendentes. El largo de cada lado es de 365,2433 codos hebreos, el equivalente a la cantidad de días en el calendario solar. Su altura es de 232,52 codos. Si doblamos el largo de cada lado y lo dividimos entre la altura, el resultado es 3,14159…número conocido también como Pi (π).[7]

La pirámide se ve desde la luna. En su estado original estaba cubierta de losas para que reflejasen la luz y se decía que desde el espacio parecía una estrella resplandeciente. Es más, originalmente se llamaba *Ikhet*, que significa "luz gloriosa". Las piedras que la cubrían, 144 000 en total, eran tan brillantes que literalmente se podían ver desde las montañas de Israel a cientos de millas.[8] En mañanas y tardes claras, la luz del sol que reflejaba esta brillante superficie de cinco y cuarto acres (1,7 hectáreas), distinguía la pirámide como algo que hubiera podido verse desde la luna en algún momento.

Los cuatro lados de la pirámide estaban ligeramente inclinados. Las medidas de sus curvas es la medida exacta de la curvatura de la tierra. La inclinación es diez a nueve, o sea, que por cada diez pies de ancho, las paredes se levantan nueve pies (2,74 a 3 metros). Si multiplicamos la altura de la pirámide en pulgadas por diez a la novena potencia, el resultado es 5 519 000 000 pulgadas, o 91 840 270 millas (147 802 587 km), la distancia media del sol a la tierra.[9] Por cierto, si tomamos los caracteres hebreos de Isaías 19:19-20, que muchos eruditos consideran hace referencia a esta pirámide, y sumamos su valor numérico, el resultado es 5449, ¡lo cual es el número exacto de pulgadas hebreas de la altura de la Gran Pirámide! El volumen de la pirámide puede contener suficiente concreto para pavimentar un camino de ocho pies de ancho (2,4 metros), cuatro pulgadas de grosor (10,16 centímetros), desde Nueva York hasta San Francisco. Si nos basamos sobre el valor del dólar de hoy, solamente el costo del material para construir la pirámide sería más de $100 000 000.

Estas son solo unas cuantas de las maravillas que se encuentran en las medidas de la pirámide. Es obvio que su constructor tiene que haber tenido acceso a la información adecuada mucho más allá de la ciencia de su tiempo.

La Palabra y la pirámide

Quedan dos preguntas: primero, ¿es ésta la Gran Pirámide de la Biblia? Aunque hay mucho debate y algún desacuerdo, eruditos antiguos y contemporáneos creen que el siguiente pasaje hace referencia a la Gran Pirámide:

> En aquel tiempo habrá altar para Jehová en medio de la tierra de Egipto, y monumento a Jehová junto a su frontera. Y será por señal y por testimonio a Jehová de los ejércitos en la tierra de Egipto; porque clamarán a Jehová a causa de sus opresores, y él les enviará salvador y príncipe que los libre. Y Jehová será conocido de Egipto, y los de Egipto conocerán a Jehová en aquel día, y harán sacrificio y oblación; y harán votos a Jehová, y los cumplirán. Y herirá Jehová a Egipto; herirá y sanará, y se convertirán a Jehová, y les será clemente y los sanará.
>
> —Isaías 19:19-22

El propósito de la Gran Pirámide es ser testigo del poder salvador de Dios durante los últimos días. Note su ubicación, "en medio de la tierra" y "junto a su frontera". La Gran Pirámide descansa sobre el mismo dentro de Egipto. ¿Cómo puede estar en la frontera y en el centro de la tierra al mismo tiempo? En aquellos días (y aun hoy) Egipto tenía una frontera entre Egipto Bajo y Egipto Alto. Egipto Bajo queda hacia el norte porque el río Nilo fluye hacia el norte hacia su delta. Egipto Alto queda al sur. La pirámide queda justo en la frontera. Hasta la palabra "Giza" significa "frontera".

Ahora bien, dice la Biblia que este altar y monumento ¡revelará al salvador y príncipe de Egipto! También los árabes egipcios prestarán atención a su antepasado Job ¡y se volverán a su Redentor!

David Davidson notó que hay una impresión de la dinastía de Enoc sobre la Gran Pirámide.[10] Los escritores antiguos la llamaban "el pilar de Enoc". Enoc fue del linaje de Set, hijo de Adán y Eva, y el gran historiador Josefo atribuye la construcción de la pirámide a la dinastía de Set. Sabemos que Dios reveló a Moisés los planes para el tabernáculo, ¿es quizá una locura pensar que Dios revelara su plan para este gran testimonio a alguien como Enoc? Es más, ¿sería una gran locura pensar que Dios pueda haber inspirado y guiado a todos aquellos involucrados en la tarea? Considere lo que dice Jeremías acerca del Señor:

> Grande en consejo, y magnífico en hechos; porque tus ojos están abiertos sobre todos los caminos de los hijos de los hombres, para dar a cada uno según sus caminos, y según el fruto de sus obras. Tú hiciste señales y portentos en tierra de Egipto hasta este día, y en Israel, y entre los hombres; y te has hecho nombre, como se ve en el día de hoy.
> —JEREMÍAS 32:19-20

EL TESTIMONIO DE LA GRAN PIRÁMIDE

Esta estructura es impresionante y ciertamente merece que se estudie. ¡Es una maravilla! ¡Este monumento testifica del Dios Creador! ¿Cómo? Primero, como fue mencionado anteriormente, no hay manera alguna que la ciencia de los días en que fue edificada pudiera dar medidas tan precisas con respecto a la relación entre la localización de la pirámide y la tierra. Esa información tiene que haber venido de una fuente externa.

Segundo, la pirámide es testigo de una verdadera ciencia. Como hemos podido observar, la estructura revela distancias y medidas que solamente una civilización avanzada podía conocer.

Tercero, los pasillos y las cámaras de la pirámides, cuando se leen en pulgadas hebreas ofrecen una línea de tiempo en concordancia con la historia bíblica. La palabra *pulgada* procede del nombre "Enoc", y Enoc tenía 365 años cuando fue trasladado al cielo. La pulgada judía, la pulgada inglesa y la pulgada estadounidense son muy similares, pero no iguales. Cuando usamos la pulgada hebrea en las medidas, las cámaras cuentan una historia excepcional. Sabemos que si tomamos las fechas conocidas inscritas en las paredes, las medidas de la pirámide que nos es dada reflejan con precisión el Éxodo en 1453 a. C. y a su vez señala hacia 33 d. C., la crucifixión. Hay otras fechas extraordinarias, pero el tiempo y el espacio nos prohíben entrar en ellas aquí.

Finalmente, si usted pone un mapa a escala de la pirámide sobre un mapa de Israel, ¡la recámara de la reina se encuentra en Belén!

EL MISTERIO REVELADO

Vale mencionar que esta pirámide no tiene un remate. Los recuentos de visitantes aún desde el primer siglo d. C. coinciden en sus reportes de que la pirámide nunca ha tenido un remate. Algunos dicen que puede haber sido robado, ya que esos remates a menudo eran hechos de oro o plata, pero el problema de esta teoría es que el remate hubiera sido demasiado grande para robar. Uno puede con facilidad caminar alrededor del tope de la pirámide, el cual mide unos 30 pies cuadrados (9,14 metros) aproximadamente.[11] Note lo que dice Job 38:6:

¿Sobre qué están fundadas sus bases? ¿O quién puso su piedra angular?

Y Efesios 2:21-22:

En quien todo el edificio, bien coordinado, va creciendo para ser un templo santo en el Señor; en quien vosotros también sois juntamente edificados para morada de Dios en el Espíritu.

Este remate, o "piedra angular" solamente se encuentra en una pirámide.[12] Considere el Salmo 118:22:

La piedra que desecharon los edificadores ha venido a ser cabeza del ángulo.

Tantas cosas acerca de la pirámide señalan hacia lo sobrenatural, desde sus medidas y la ciencia necesaria para lograr su conocimiento, hasta su construcción interna y externa; y como todo señala y se alinea con la historia bíblica. Solo necesitamos echar una mirada al remate que le falta para saber que la Pirámide de Giza nos da la última palabra, y esta es que Jesús, la piedra que desecharon los edificadores, no está ahí, pero tal como uno que permanece contra toda probabilidad, desgastado pero aún asombroso, ¡está por venir pronto!

Capítulo 4

El MISTERIO *de* SODOMA *y* GOMORRA

SODOMA Y GOMORRA. Nombres que de inmediato traen a la mente las imágenes de un pueblo perdido en tal maldad que los ciudadanos de Roma, en la cima de su depravación, se hubieran ruborizado. La localidad de estas ciudades, al igual que las demás "ciudades de la llanura" (Génesis 19:29), ha sido por mucho tiempo tema de especulación y búsqueda. Como saben muchos que se mantienen al tanto de estas cosas, hay muchas teorías que prevalecen.

Una de estas teorías es que las ciudades hoy en días están sumergidas en el extremo sur del mar Muerto. Otra es que están localizadas en la costa del Jordán del mar Muerto sobre una meseta donde se han localizado cinco conjuntos arqueológicos. Sin embargo, estos conjuntos se encuentran unos quinientos pies (152 metros) sobre la llanura encima de la meseta, no *en* la meseta como la Biblia lo especifica con claridad. Además, son demasiado pequeños para que hayan sido ciudades; la mayor es diez acres (4 hectáreas) y a segunda mayor es dos acres (8 094 m²).

LOS DESCUBRIMIENTOS

La Biblia nos da indicios de las localizaciones de estas ciudades:

> Y fue el territorio de los cananeos desde Sidón, en dirección a Gerar, hasta Gaza; y en dirección de Sodoma, Gomorra, Adma y Zeboim, hasta Lasa.
> —GÉNESIS 10:19

Con esta información...

A principio de la década de los 80, Ron Wyatt notó unas

formaciones extrañas a orillas del mar Muerto. Dijo que parecían muros de ciudades pero de color blanco. Estas formaciones aparecían por diferentes lugares a más de cincuenta millas de distancia (80.47 km) unas de las otras. En 1989 Ron descubrió algo alarmante. Se había abierto un camino a través de algunas de estas formaciones descubriendo el material interno que se había recopilado en espirales, lo cual sugería que no eran simplemente el resultado de la formación de capas geológicas. Durante su visita al lugar justo al sur de Masada, tomó muestras del material, que se desprendía con facilidad de la estructura principal y se desintegraba para convertirse en algo con consistencia de talco. Mary Nell, la esposa de Ron, encontró una cápsula que resultó ser azufre, incrustada en un pedazo de ceniza compactada.

Mientras exploraban el sitio en octubre de 1990, Ron Wyatt volvió con Richard Rives y encontró áreas de ceniza desmoronada, y entre la misma unas pelotas amarillas cubiertas de una corteza entre rojiza y negra. Las pelotas resultaron ser azufre encapsulado.[1]

¿Se ajustan estas estos descubrimientos a la expectativa?

En Génesis 19:24-25 la Biblia dice algo acerca de una conflagración:

> Entonces Jehová hizo llover sobre Sodoma y sobre Gomorra azufre y fuego de parte de Jehová desde los cielos; y destruyó las ciudades, y toda aquella llanura, con todos los moradores de aquellas ciudades, y el fruto de la tierra.

El fuego consumió las ciudades, con bolas de azufre que caían del cielo. Este torrente de destrucción aniquiló por completo la población y convirtió en cenizas todos sus edificios. En 2 Pedro 2:6 leemos:

[Dios] condenó por destrucción a las ciudades de Sodoma y de Gomorra, reduciéndolas a ceniza y poniéndolas de ejemplo a los que habían de vivir impíamente.

Pero estos no son los únicos registros escritos que existen de las ruinas de estas ciudades. Josefo escribió:

> Este país fue calcinado de tal forma que a nadie le interesa venir a él...era en antaño una tierra feliz, tanto por los frutos que daba como por la riqueza de sus ciudades, aunque ahora quemadas por completo. Se cuenta que por la impiedad de sus habitantes fue quemada por rayos: y como consecuencia *nos quedan recordatorios del fuego divino, y los residuos (o las sombras) de las cinco ciudades quedan aún por verse.*[2]
>
> —ÉNFASIS AÑADIDO

Esta descripción que nos da el notable y confiable historiador Josefo describe a la perfección lo que puede verse en los cinco conjuntos arqueológicos llenos de ceniza que Wyatt exploró. Estas ruinas muestran todas las características de las antiguas ciudades y los muros.

Es preciso notar la rapidez con que estas ciudades debieron haber sido destruidas. Cuando comparamos dos pasajes, vemos primero que el evento no comenzó hasta que Lot y su familia, no solo hubieran salido ya de Sodoma, sino que se hubieran llegado a Zoar.

> Date prisa, escápate allá; porque nada podré hacer hasta que hayas llegado allí.
> Por eso fue llamado el nombre de la ciudad, Zoar.
> *El sol salía sobre la tierra*, cuando Lot llegó a Zoar. Entonces Jehová hizo llover sobre Sodoma y sobre Gomorra azufre y fuego de parte de Jehová desde los cielos; y destruyó las ciudades, y toda aquella llanura, con todos los moradores de aquellas ciudades, y el fruto de la tierra.
>
> —GÉNESIS 19:22-25, ÉNFASIS AÑADIDO

Así que el sol ya había salido antes que el Señor comenzara a destruir las ciudades. Pero unos versículos más adelante leemos:

> Y subió Abraham *por la mañana* al lugar donde había estado delante de Jehová. Y miró hacia Sodoma y Gomorra, y hacia toda la tierra de aquella llanura miró; y he aquí que el humo subía de la tierra como el humo de un horno. Así, cuando destruyó Dios las ciudades de la llanura, Dios se acordó de Abraham, y envió fuera a Lot de en medio de la destrucción, al asolar las ciudades donde Lot estaba.
>
> —GÉNESIS 19:27-29, ÉNFASIS AÑADIDO

Como pastor que era, Abraham se hubiera levantado temprano en la mañana para cuidar de sus ovejas, pero cuando despertó de su sueño, el cielo ya estaba lleno del humo negro que subía de la destrucción de las ciudades. El evento en sí ya había ocurrido.

Además es importante notar que había formaciones de capas presentes en todo el material cenizo de los cinco sitios; miles de ellas, y ninguna es muy gruesa. En fuegos de alta temperatura, o llamas muy calientes que contengan metales alcalinos (como sodio y calcio), los iones positivos y negativos se atraen y se repelen entre sí. Esto resulta en el efecto espiral de las capas. Sabemos que las llamas debieron haber sido intensamente calientes para poder consumir piedra y metal; y había, y aún hay, grandes concentraciones de sodio en toda la región. El mismo mar Muerto tiene la mayor concentración salina entre todas las masas de agua del planeta. La montaña de sal más grande, el monte Sodoma, está en esa región.

El área estaba cubierta con un tipo de baba que probablemente era bitumen. Esto era una materia de mucho valor en aquel entonces. Se usaba como cubierta para preservar los ladrillos de barro quemado y el mortero. En las tabletas de Ebla descubiertas en Siria, había listas de compras, y el precio más alto en plata registrado era el del bitumen. Pero todo lo que los habitantes de estas ciudades tenían que hacer para recopilar el material era salir a la puerta de sus casas. No tenían que trabajar duro pues abundaba.

EL PECADO DE SODOMA

Sin lugar a dudas que la frase "el pecado de Sodoma" es suficiente para que aparezcan líneas en la arena de cualquier conversación como por arte de magia. La respuesta más fácil es la homosexualidad. Es lo que se nos ha dicho en las iglesias por décadas, si no siglos. Hasta la palabra *sodomía* procede del nombre de esta ciudad. También hay base bíblica para estas afirmaciones. Por ejemplo:

> Entonces Jehová le dijo: Por cuanto el clamor contra Sodoma y Gomorra se aumenta más y más, y el pecado de ellos se ha agravado en extremo.
>
> —GÉNESIS 18:20

Y luego Abraham le dice al Señor:

> Lejos de ti el hacer tal, que hagas morir al justo con el impío, y que sea el justo tratado como el impío; nunca tal hagas. El Juez de toda la tierra, ¿no ha de hacer lo que es justo? Entonces respondió Jehová: Si hallare en Sodoma cincuenta justos dentro de la ciudad, perdonaré a todo este lugar por amor a ellos.
>
> —GÉNESIS 18:25-26

La conversación llega hasta este punto:

> Y volvió a decir: No se enoje ahora mi Señor, si hablare solamente una vez: quizá se hallarán allí diez. No la destruiré, respondió, por amor a los diez.
>
> —GÉNESIS 18:32

El Señor no pudo encontrar siquiera diez personas justas en la ciudad. Así que, ¿qué encontraron allí? Se nos ha dicho que ángeles del Señor entraron a la ciudad y fueron a la casa de Lot. Entonces:

> Pero antes que se acostasen, rodearon la casa los hombres de la ciudad, los varones de Sodoma, todo el pueblo junto, desde el más joven hasta el más viejo. Y llamaron a Lot, y le dijeron: ¿Dónde están los varones que vinieron a ti esta noche? Sácalos, para que los conozcamos.
>
> —GÉNESIS 19:4-5

Y el resultado final fue:

> Entonces Jehová hizo llover sobre Sodoma y sobre Gomorra azufre y fuego de parte de Jehová desde los cielos; y destruyó las ciudades, y toda aquella llanura, con todos los moradores de aquellas ciudades, y el fruto de la tierra.
>
> —GÉNESIS 19:24-25

Ahí está, claro como el día, el pecado de Sodoma tiene que haber sido la homosexualidad.

El problema, desde luego, es que tendemos a aferrarnos de la homosexualidad como el pecado preeminente de Sodoma porque no es el nuestro. Podemos asociar la homosexualidad con un pecado digno de destrucción porque "por lo menos nosotros no pecamos así". Aunque es cierto que la homosexualidad proliferaba en las ciudades de la llanura, y también es cierto que la homosexualidad es un pecado, la Biblia nos aclara este asunto:

Como ve, el verdadero pecado de Sodoma está registrado en el libro de Ezequiel, cuando el profeta declara en una advertencia contra Israel:

> Vivo yo, dice Jehová el Señor, que Sodoma tu hermana y sus hijas no han hecho como hiciste tú y tus hijas. He aquí que ésta fue la maldad de Sodoma tu hermana: soberbia, saciedad de pan, y abundancia de ociosidad tuvieron ella y sus hijas; y no fortaleció la mano del afligido

y del menesteroso. Y se llenaron de soberbia, e hicieron abominación delante de mí, y cuando lo vi las quité.

—EZEQUIEL 16:48-50

Mire estos pecados. Sodoma era una ciudad llena de gente orgullosa, adinerada y ociosa, que además había perdido todo interés por los pobres y necesitados que habitaban entre ellos. Habían echado a un lado a los hambrientos y vagabundos. Esta era una nación próspera al punto de tener en exceso, esta abundancia los llevó a hundirse en la inútil búsqueda de placer. Habían descartado toda restricción y comenzado a satisfacerse con todo vicio y pecado concebible. Incluso comenzaron a tolerar y aceptar a aquellos que cometieron cualquier y todo tipo de perversión.

¿Se le asemeja esto a alguna nación que usted conoce (o en la que reside actualmente)?

LA SEÑAL DE SODOMA

¿Por qué es importante esto para nosotros hoy? Bueno, además de las similitudes obvias con los Estados Unidos y otros países que se hacían llamar cristianos alrededor del mundo, Jesús mismo usó a Sodoma como ilustración de los últimos días (como hizo al hablar de los días de Noé). Jesús dijo:

Asimismo como sucedió en los días de Lot; comían, bebían, compraban, vendían, plantaban, edificaban; mas el día en que Lot salió de Sodoma, llovió del cielo fuego y azufre, y los destruyó a todos. Así será el día en que el Hijo del Hombre se manifieste. En aquel día, el que esté en la azotea, y sus bienes en casa, no descienda a tomarlos; y el que en el campo, asimismo no vuelva atrás. Acordaos de la mujer de Lot.

—LUCAS 17:28-32

Jesús hizo referencia a los días de Sodoma como una sombra de los últimos días. Pero no fue solo él, pues Pedro recuerda a los lectores en su segunda epístola:

> Y si condenó por destrucción a las ciudades de Sodoma y de Gomorra, reduciéndolas a ceniza y poniéndolas de ejemplo a los que habían de vivir impíamente, y libró al justo Lot, abrumado por la nefanda conducta de los malvados.
>
> —2 Pedro 2:6-7

Pedro dice que esas ciudades fueron ejemplo para aquellos que "…". Esta palabra "ejemplo" en el griego es *hypodeigma*, e implica algo que podía ser visto por aquellos que entonces vivían. Judas continúa con la idea cuando dice:

> Como Sodoma y Gomorra y las ciudades vecinas, las cuales de la misma manera que aquéllos, habiendo fornicado e ido en pos de vicios contra naturaleza, fueron puestas por ejemplo, sufriendo el castigo del fuego eterno.
>
> —Judas 7

Judas también usa una palabra, en este caso *deigma* (note la raíz similar a *hypodeigma*), lo cual da la idea de algo que es visible.

El misterio revelado

De nuevo vemos que el descubrimiento de estas ciudades es un ejemplo que Dios da para que entendamos el salmo y recordarnos que:

> La verdad brotará de la tierra, y la justicia mirará desde los cielos.
>
> —Salmo 85:11

Cuando permitimos que el pecado eche raíz en nuestras familias, nuestras comunidades, nuestra nación, o en nosotros mismos cortejamos un enemigo peligroso. El peligro del pecado es que cualquier estilo de vida pecaminoso inevitablemente comienza con algo inocuo. Nadie comienza su descenso hacia la promiscuidad tomando la decisión de acostarse con toda persona que tropieza. Nadie se convierte en alcohólico con su primer sorbo de champán. Es un proceso gradual.

Esto es lo que sucedió en Sodoma y Gomorra. En algún momento de la historia, estas ciudades no eran más que una reunión de personas. Entonces encontraron la riqueza mineral a su alrededor. Entonces vino el crecimiento, luego la afluencia, después el letargo de la prosperidad. En algún momento, de todo eso, el pueblo de esas ciudades se adquirió una actitud pretenciosa. Dejaron de cuidar de los pobres. Comenzaron a pensar solamente en sí mismos y en su propio placer. Fue esta mentalidad la que los llevó a ver a dos extranjeros en su ciudad, no como viajantes a quienes le debían la hospitalidad básica, sino como a dos cuerpos con los cuales los ciudadanos de Sodoma tenían el derecho de usar como les diera la gana.

Sodoma todavía nos habla hoy día. No podemos continuar ignorando el pecado a nuestro alrededor, sea homosexualidad, chisme, adulterio, fornicación, homicidio (de hecho o de pensamiento y habla), orgullo, indiferencia hacia aquellos menos afortunados que nosotros, la denegación de cuidar a los hambrientos y a los necesitados, o cualquier otro. Debemos enfrentarnos al pecado. Sodoma, Gomorra, y las ciudades de la llanura nos sirven de testimonio hoy en día del juicio que encaran nuestras transgresiones.

Capítulo 5

El MISTERIO *de* MELQUISEDEC

EN EL ANTIGUO relato de Job encontramos un pasaje estremecedor que expresa la profunda ansiedad del corazón de Job:

> Porque no es hombre como yo, para que yo le responda,
> Y vengamos juntamente a juicio. No hay entre nosotros árbitro que ponga su mano sobre nosotros dos. Quite de sobre mí su vara, y su terror no me espante. Entonces hablaré, y no le temeré; porque en este estado no estoy en mí.
>
> —JOB 9:32-35

El anhelo de Job era tener una audiencia con el Todopoderoso, pero sabe que no es digno. Así que anhela un mediador en su lugar, un Sumo Sacerdote digno de tocar tanto a Dios como al hombre; un Salvador que fuera Dios y hombre a la vez. Aquello por lo que Job clamaba era la realización en Cristo Jesús. Él es nuestro gran Sumo Sacerdote y está junto a nosotros pare garantizar nuestra conexión con el Padre.

El libro de Hebreos declara esta gloriosa verdad. Hebreos 2:17 llama a Jesús nuestro "misericordioso y fiel sumo sacerdote". En Hebreos 4:15 leemos que Cristo "fue tentado en todo según nuestra semejanza, pero sin pecado...para alcanzar misericordia y hallar gracia para el oportuno socorro".

Jesús fue un sacerdote según el orden de Melquisedec. Esto es un problema para la mentalidad judía, que diría: "Ya tenemos un sacerdocio, el sacerdocio aarónico y levítico. Jesús no estaba en la línea sacerdotal. ¿Cómo puede ser nuestro sacerdote?" ¿Qué hay en el orden de Melquisedec tan especial para que Jesús fuera ordenado de tal forma?

VELADO EN MISTERIO

Melquisedec aparece de pronto en las páginas de Génesis después que Abraham derrota a Quedorloamer, el gran rey de Elam. Melquisedec llega y Abraham, casi inexplicablemente elige honrar a este rey-sacerdote de la ciudad de Salem, la cual, según Josefo, era el nombre antiguo de Jerusalén.

Hebreos 7:3 nota que Melquisedec no era sacerdote por descendencia sino por llamado divino:

> Sin padre, sin madre, sin genealogía; que ni tiene principio de días, ni fin de vida, sino hecho semejante al Hijo de Dios, permanece sacerdote para siempre.

Esta frase, "sin padre, sin madre" no significa que él haya surgido milagrosamente de la tierra. Es solo una forma de preámbulo de la frase "sin genealogía" para indicar que Melquisedec no era sacerdote o rey por su linaje sino que fue ordenado especialmente pare ser "hecho como el Hijo de Dios". Jesús no era un reflejo de Melquisedec, más bien Melquisedec era como Jesús, un tipo de presagio. Dios llamó a Melquisedec y le dio un ministerio que estaba lleno de esperanza, tal y como Jesús proclamara en su misión años más tarde. Con razón Jesús dijo: "Abraham vuestro padre se gozó de que había de ver mi día; y lo vio, y se gozó (Juan 8:56)". Cuando Abraham vio a Melquisedec, él, Abraham, vio a uno como Jesús.

El antiguo libro de Jaser, que fuera mencionado dos veces en el Antiguo Testamento como historia, declara que Melquisedec era Sem, el hijo de Noé. También dice que Abraham vivió con la familia de Noé por un tiempo, refugiándose de las malas intenciones de los babilonios. Es maravilloso cuando consideramos que Noé habló con Adán, y que Sem habló con Noé.

Abraham entonces, aunque apartado estos eventos por unas once generaciones, hubiera experimentado de primera mano el recuento de la salvación de Dios para con la familia de Noé.[1]

El orden es mayor en el ministerio

Aparte del recuento en Génesis, Melquisedec aparece solamente una vez más en el Antiguo Testamento: el Salmo 110. Este fue el salmo donde David proclamó el anuncio del reino del Mesías. El mismo salmo se menciona más adelante en Hebreos 5:6, 6:20, 7:17, y 7:21. Este salmo declara que el Mesías que había de venir sería un "sacerdote según el orden de Melquisedec" (110:4).

En el recuento de Génesis 14, Abraham recién había regresado de una gran victoria sobre cuatro reyes. Había rescatado a su sobrino Lot y había ayudado al rey de Sodoma, y el rey, agradecido quiso ofrecer a Abraham riquezas. Dios sabía que Abraham necesitaría fortaleza para resistir esa tentación, y envió al rey de Salem, Melquisedec, al campamento de Abraham. En Génesis 14:18 Melquisedec trajo pan y vino, símbolos del precio de la victoria; cuerpo y sangre eran sacrificados al obtener la conquista. Melquisedec vino para recordarle a Abraham que la victoria se la había dado el Dios Altísimo, El Elyon. Melquisedec entonces bendijo a Abraham y Abraham le dio a Dios el diezmo como reconocimiento de la propiedad de Dios sobre todo en su vida.

Como ven, el rey de Sodoma intentó ofrecer a Abraham las riquezas del mundo. Dios envió a Melquisedec para recordarle a Abraham que la riqueza y victoria verdaderas no consisten en las riquezas de este mundo sino en las bendiciones de Dios. Porque Abraham rehusó acreditarse la victoria, y rechazó la recompensa de este mundo, Dios se le apareció y le dijo: "No temas, Abram; yo soy tu escudo, y tu galardón será sobremanera grande" (Génesis 15:1)"

EL MISTERIO REVELADO

Abraham diezmó mucho antes que Dios diera las leyes acerca de las ofrendas y el diezmo. De esta historia también aprendemos que el dar nuestro diezmo es reconocer la victoria de Jesús y su señorío sobre todo. Pero, más importante, este antiguo misterio pinta con hermosura el ministerio de nuestro Señor Jesucristo. Él es nuestro Rey de justicia, pero también, cuando le recibimos, es nuestro Rey de paz. Cristo es la fuente de nuestra victoria. Cada vez que participamos del pan y el vino de la Comunión, recordamos su victoria en el Calvario, y es esa victoria la que nos capacita para andar en victoria hoy. Es a Jesús, y no al mundo, a quien debemos nuestra lealtad.

Capítulo 6

El MISTERIO de la CIUDAD PERDIDA de ATLANTIS

E L MUNDO DONDE vivimos está repleto de misterios. La ciencia ha promovido la doctrina uniformista, o la doctrina que "asume que los procesos geológicos naturales se llevaron a cabo en el pasado de la misma manera que se producen hoy en día, y se aplican a todo el universo".[1] En esencia, esta idea enseña que la historia de la tierra ha progresado a través de los siglos de una manera uniforme y predecible.

Sin embargo, los científicos de varias disciplinas y de variados puntos de vista, con más y más frecuencia aceptan la teoría del catastrofismo. Más y más científicos están aceptando la verdad de que la tierra ha sido sujeta a varias catástrofes a través de su historia. Esto explica y a la vez hace más profundo el misterio de la historia de la tierra.

La Biblia es la primera que enseña que la historia de la tierra está marcada de catástrofes dramáticas. Miremos solo unas cuantas que se mencionan en la Escritura:

- La catástrofe original en Génesis 1:1-2
- El Diluvio Universal de Noé
- La destrucción de las ciudades de la llanura
- Los milagros, los desastres y las plagas que acompañaron al Éxodo

A través de la Escritura hay referencias a volcanes, terremotos y otros desastres. La tierra misma está llena de ruinas que no tienen explicación ni referencia histórica. A las grandes

36

civilizaciones de Sudamérica, Stonehenge, la Isla de Pascua, y otros se les conoce como ruinas megalíticas, y salpican el paisaje del planeta.

Nos han llegado misterios e historias de éstas y otras. Hoy en día a menudo nos referimos a ellas como mitos. Sin embargo, en cada una encontramos un granito de verdad.

LA CIUDAD PERDIDA

Por más de un año estudié la legendaria ciudad de Atlantis, sin saber que había estado allí. Localizada en las azules aguas del mar Egeo, es un lugar tan hermoso que es imposible describir. En un artículo que escribió para la revista *Smithsonian*, Kathleen Burke la llamó "algo digno de verse", y citó la siguiente descripción por Lawrence Durrell:

> Es apenas sorprendente que se hayan escrito pocas, si acaso algunas, buenas descripciones de Santorini: la realidad es tan asombrosa que la prosa y la poesía la pierden de vista.[2]

Yo he visitado la isla de Santorini, cuyo nombre antiguo es Thera, y estoy de acuerdo con sus palabras.

Esta isla una vez fue parte de una próspera cultura, la antigua cultura de minoica de Creta, que comerciaba con todo el mundo conocido. Era rica e influyente. Frescos encontrados en excavaciones en Akrotiri, una de las ciudades de la isla, muestran que fue un lugar de especias exóticas, comercio de pesca, deportes, y arte. Esta ciudad, como Pompeya años después, fue devorada por una explosión volcánica con tal rapidez que la preservó casi intacta bajo dieciséis pies (2.87 m) de ceniza volcánica.

Platón escribió acerca de la historia de la jornada de Solón a Egipto en su obra *Timeo*. Fue aquí donde Solón escuchó por primera vez la historia de Atlantis, de parte de un sacerdote egipcio. Es curioso notar que si movemos las fechas de Platón por un punto decimal, y dividimos las medidas y la edad de Atlantis entre diez, el resultado es las dimensiones de la isla de Santorini antes de la gran explosión volcánica de 1450 a. C.[3]

Se reporta que Atlantis era una isla circular con un círculo de agua interior y una planicie poblada. Si consideramos lo que nos dicen los geólogos acerca de Santorini, la descripción es perfecta.

La Biblia y la ciudad de Atlantis

Sé lo que usted está pensando. Ahora mismo es una de estas dos cosas: "¡Qué interesante!, pero, ¿y qué?", o solamente, "¿Y qué?". ¿Cómo puede interesarle esto a los creyentes? Lo que tenemos que notar es que la fecha de esta catástrofe es de enorme importancia para los creyentes. El proceso apropiado para dar fecha la destrucción de Atlantis calcula que haya sido justo antes del Éxodo. Es más que posible que Dios haya usado este evento como parte del juicio de Egipto.

¿QUÉ SUCEDIÓ?

La isla de Santorini está localizada entre las placas continentales de Europa y África. Primero, hubo un masivo terremoto que abrió la tierra, permitiendo que el agua salada llenara la caldera de mil trescientos pies (396.24 m) (el centro caliente del volcán que dio origen a la isla). Esta avalancha de agua se convirtió en vapor e hizo que el volcán de ensanchara, hasta explotar. Se estima que la explosión de Thera hubiera sido mil seiscientas veces más poderosa que la bomba de hidrógeno creada en Einwetok.[4] Ciento cincuenta y tres millas cuadradas (246.23 km²) de ciudad, llanuras y tierra se evaporizaron en un instante.

Los resultados que siguen son alarmantes. En treinta minutos ¡un tsunami de entre dos y trescientos pies de altura (61-91 m) golpeó la isla de Creta a una velocidad de aproximadamente 300 millas por hora (483 km)! En cuestión de horas, olas como de 80 pies (24.38 m) pudieron haber golpeado las costas del norte de África. Una ceniza gruesa cubrió gran parte del área del Mediterráneo. Las tinieblas que cayeron sobre Egipto durante el tiempo de las plagas pueden haber sido causadas por las cenizas.[5] Como la explosión fue miles de veces más fuerte que la erupción del volcán Mt. Helen en 1980, sabemos que el desastre afectó a todo el mundo. Cuando hizo erupción el volcán Krakatoa en 1883, el estruendo se oyó en Australia y se registró en Potsdom, Alemania. El maremoto que resultó mató a treinta y seis mil personas en Java y en Sumatra. Esas mismas olas circundaron dos veces la tierra. Para ponerlo en perspectiva, la erupción de Thera fue cinco veces más fuerte que la erupción en Krakatoa.[6]

La información recopilada de los aros en los árboles muestra que la erupción de Thera probablemente causó un decaimiento en el crecimiento de los robles en Irlanda, y de los pinos escoceses en Suecia. Los anillos de escarcha de los pinos Bristlecone lo muestran, y los efectos a los árboles se sintieron tan lejos como en América del Norte. *Los anales de bambú*, una crónica de la antigua China relatan cómo en 1618 a. C. hubo un tipo de invierno volcánico acompañado de una "neblina amarilla, un sol tenue, luego tres soles, escarcha en julio, hambre, y las siembras de los cinco cereales se marchitaron".[7]

EL MISTERIO REVELADO

Si se sabe todo esto, entonces, ¿dónde está el misterio? Bien, hay teorías que dicen que el gran imperio de Egipto incluyó, en sus orígenes, el pueblo de Santorini, y que esta erupción, que afectó gran parte del mundo conocido y que causó un impacto tan real sobre las plagas de Egipto, fue, más bien, un juicio sobre Egipto en su origen.

Más que todas estas cosas es esto: ¡Dios todavía habla por los misterios!

Hay muchas cosas que simplemente no sabemos. Ya he dicho que no pretendo reclamar que mi entendimiento de estos misterios es la verdad infalible. Cuando digo mi opinión trato de que quede en claro, pero también muestro que existen otros entendimientos y otras teorías. Pero hay un movimiento entre algunos llamados científicos que quisieran que usted y yo creyéramos que su más reciente descubrimiento es la verdad sólida. Estimado amigo, la historia nos ha mostrado una y otra vez que simplemente no es así. ¿Por qué? Porque...

Dios es soberano sobre su planeta. Tenemos que entender que el Creador tiene control de su creación. Es así de simple. También, miramos a Atlantis (igual que a Sodoma y Gomorra, el Egipto del Éxodo, Jericó, y los demás imperios malvados de Canaán), y se nos recuerda que los juicios de Dios son poderosos y de gran envergadura. Para riesgo nuestro nos olvidamos de esto, porque como leemos una y otra vez en la Biblia, el hombre depende de Dios.

Las buenas nuevas de esta historia es que Dios está dispuesto a tomar medidas extremas para rescatar a los suyos. Si esto significa convertir en sangre el suministro de agua de una nación, infestarla de langostas, o causar una explosión que anivele una isla, Dios no abandonará nunca a los suyos. Pero para ser suyo, una persona tiene que estar a bien con Dios. Sabemos, por lo que nos dice la historia, que no podemos hacerlo por nosotros mismos. Así que *Dios mismo* preparó el camino para nosotros.

Finalmente, aprendemos que todo empeño humano es temporal. Todo lo que hacemos, lo que queremos lograr u obtener puede desaparecer en un momento, y solo permanecerá aquello que glorifique a Dios.

Capítulo 7

El MISTERIO *de los* ÁNGELES

AY MUCHAS IDEAS equivocadas acerca de los milagros. Aunque este no es el lugar para una explicación exhaustiva de los milagros, su existencia, su propósito, o su poder, es importante que reconozcamos que los milagros *existen*. Los milagros todavía suceden hoy en día, y tan importante como es que reconozcamos su existencia, necesitamos también entender cómo es que ocurren. Puesto con sencillez, un milagro es una interrupción dimensional por la cual Dios atraviesa nuestra mundana existencia y cambia nuestras vidas de lo ordinario a lo extraordinario. Es algo asombroso, ¡y nosotros podemos, y debemos vivir de nuevo asombrosamente!

Hay personas que me han preguntado por qué todavía creo que Dios hace milagros. Pare mí la respuesta es simple.

Fue durante mi primer año de universidad en Clarke College en Newton, Mississippi. Iba conduciendo mi Chevrolet 1956 de regreso a Newton por la carretera 80 desde Selma, Alabama hacia Uniontown. Ahora este camino es una espaciosa carretera múltiple de cuatro carriles, pero en aquel entonces era un camino estrecho de dos carriles que podía sentirse afortunado de estar pavimentado. De pronto, un automóvil venía hacia mí por mi carril. Hasta hoy no estoy seguro de cómo apareció, todo lo que sé es que ambos estábamos a punto de estar involucrados en un choque de frente. Cuando miré hacia la derecha, no vi sino un muro soporte de concreto impenetrable. En medio del rápido pensar que solo sucede en estos momentos de vida o muerte, decidí que tratar de continuar hacia adelante raspando el muro sería mejor decisión que un choque de frente. Cerré los ojos y giré bruscamente hacia la derecha, en un esfuerzo para arriesgarme con la estructura. De pronto me vi del otro lado. ¡Evité el auto que venía por el puente y seguí mi camino! Yo sé que no venía sobrepasado de velocidad y sé que Dios me protegió.

Algunos me llamaran loco, pero yo siempre he pensado que fue un ángel que levantó mi auto y lo volvió a poner sobre la carretera. No hay razón en este mundo por la que ni mi auto ni yo hubiéramos salido ilesos, pero así fue. Sé que vivo en un mundo donde ocurren cosas milagrosas. Mientras estaba sentado en el auto, temblando aún por la avalancha de adrenalina que corría por mi cuerpo, mis pensamientos se trasladaron con la velocidad de un rayo del agradecimiento a la hilaridad a la maravilla y de regreso. Recuerdo pensar casi simultáneamente, "¡Gracias Dios!" y "¿Por qué te molestaste en salvarme?". Me hace recordar el gran salmo:

> Cuando veo tus cielos, obra de tus dedos, la luna y las estrellas que tú formaste, digo: ¿Qué es el hombre, para que tengas de él memoria, y el hijo del hombre, para que lo visites.
>
> —Salmo 8:3-4

Me imagino a David, el pastor, sentado bajo las estrellas en el desierto de Jerusalén, después de un agotador día cuidando ovejas, cuando de repente lo sobrecogió el esplendor del cielo. En ese momento el corazón de David explota en maravilla y alabanza, porque Dios se tomó el tiempo de pensar en el hombre. Más allá, David vio a un Dios venía a buscar a un hombre.

¡Esta es la cima de la gloria humana! Nuestro Dios tiene memoria de nosotros, nos cuida, y nos corona como realeza sobre la tierra. Pero en su salmo David nos revela que nuestro universo, tan vasto como es, no es el único reino donde abunda la vida. ¡La vida existe en otras dimensiones más allá de nuestro reino terrestre! Hablando de la humanidad, la Biblia dice: "Le has hecho poco menor que los ángeles" (Salmo 8:5). ¡David miró a los cielos y vio la majestad de Dios en la inmensidad del orden creado! Miró entonces a la tierra y vio al pequeño hombre como el centro de mesa, y la gloria coronada de ese orden. Podemos oír la música de lo eterno y su ritmo levantándose de su alma extasiada.

LA REVELACIÓN DE LOS ÁNGELES

Existen seres de otra dimensión que se muevan por multitudes a través de la amplia expansión de nuestro mundo conocido. Estos seres no están sujetos a las limitaciones de nuestro mundo. Más allá del alcance de nuestro entendimiento está otra dimensión más real y duradera que cualquier cosa que podamos imaginar. La existencia de otro reino llamado "el reino celestial", donde operan maravillosas criaturas tanto gloriosas como malévolas, no es ciencia ficción. Tales criaturas llamadas ángeles, junto con sus tenebrosos primos, existen en ese reino. Ambos fueron creados por Dios, y estos seres atemporales tienen su propia historia.

Una sección de la Biblia nos habla de los ángeles. Tenemos que seleccionar las referencias y tratar de entenderlas lo mejor posible. Para comenzar, examinemos este pasaje en Nehemías:

> Tú solo eres Jehová; tú hiciste los cielos, y los cielos de los cielos, con todo su ejército, la tierra y todo lo que está en ella, los mares y todo lo que hay en ellos; y tú vivificas todas estas cosas, y los ejércitos de los cielos te adoran.
>
> —NEHEMÍAS 9:6

Aquí hay mucho que desempacar. Nehemías deja establecida la verdad fundamental que Dios es el único Dios. El profeta dice entonces que Dios creó los cielos *y* "los cielos de los cielos". ¿Qué lugar es éste, y por qué Nehemías hace esta distinción?

Hay tres reinos en la Biblia a los que se les llama "cielo". Primero está nuestra atmósfera, donde hay lunas y estrellas y otros planetas, y a esta llamamos "el cielo". Pero hay un "cielo de cielos". Este lugar, llamado *shamayi h'shamyn*, se menciona en Génesis 28, Deuteronomio 10, 1 Reyes 8, otros pasajes como un reino distinto y totalmente espiritual, También se menciona en 2 Corintios 12:2-4 donde el apóstol Pablo escribe:

> Conozco a un hombre en Cristo, que hace catorce años (si en el cuerpo, no lo sé; si fuera del cuerpo, no lo sé; Dios lo sabe) fue arrebatado hasta el tercer cielo. Y conozco al tal hombre (si en el cuerpo, o fuera del cuerpo, no lo sé; Dios lo sabe), que fue arrebatado al paraíso, donde oyó palabras inefables que no le es dado al hombre expresar.

El texto griego dice que el hombre fue arrebatado "fuera de", no "hacia arriba". Esto refleja la creencia judía de que el paraíso estaba en otro lugar que no era el cielo más alto.

El Señor Yaweh creó todas las "huestes celestes" y estas "huestes" le adoran. Los ángeles cobraron vida por mandato de Dios. El Salmo 148:5 dice que "alaben el nombre de Jehová; porque Él mandó y fueron creados". Estas maravillosas criaturas son tantas que me atrevo a decir que no se pueden contar. Nuestro universo, en la inmensidad de su expansión, parece carecer de vida, pero el reino celestial está repleto de vida y energía.

El Salmo 148 indica que los ángeles existieron antes de la creación del sol, la luna, y las estrellas. Su función era alabar y adorar al Señor. Pablo lo afirma en su carta a los colosenses cuando les dice:

> Porque en él fueron creadas todas las cosas, las que hay en los cielos y las que hay en la tierra, visibles e invisibles; sean tronos, sean dominios, sean principados, sean potestades; todo fue creado por medio de él y para él.
>
> —Colosenses 1:16

Los ángeles fueron creados por el Señor Jesús y para el Señor Jesús. Además, estaban presentes en la creación de nuestro reino. En el libro de Job el Señor regaña a Job y le pregunta:

> ¿Dónde estabas tú cuando yo fundaba la tierra? Házmelo saber, si tienes inteligencia. ¿Quién ordenó sus medidas, si lo sabes? ¿O quién extendió sobre ella cordel? ¿Sobre qué están fundadas sus bases? ¿O quién puso su piedra angular, cuando alababan todas las estrellas del alba, y se regocijaban todos los hijos de Dios?
>
> —Job 38:4-7

Job quizá sea el libro más antiguo de la Biblia. Está lleno de maravilla y misterio. Según la Escritura aquí, los ángeles estaban activos al principio de la creación. Cuando leo estas palabras mi alma tiembla dentro de mí; al leer somos llevados hasta los primeros momentos de la historia.

La creación, en lo que los científicos llaman la Gran Explosión, se inició por el poderoso sonido de la voz de Dios derrumbando las barreras de todas las dimensiones. Cuando las huestes estelares explotaron en un espectáculo de fuegos artificiales, el remanente de esa explosión todavía alumbra el cielo sobre nuestras cabezas. Nuestro sol aún nos calienta tantas edades después de aquel estallido inicial. Mirando esta demostración, como una familia que mira un espectáculo de fuegos artificiales, estaban los "hijos de Dios", los ángeles. Todos estos seres gritaron y cantaron mientras la creación era puesta en su lugar por la mano de Dios. ¡Las estrellas eran su orquesta mientras ellos clamaban con gozo!

La tierra es un pequeño planeta en un sistema solar de tamaño regular en el borde de una galaxia llamada la Vía Láctea. La amplia expansión del universo empequeñece a nuestro planeta. En comparación la tierra sería más pequeña que un grano de arena en un gran edificio. Esta perspectiva disminuye la importancia de aquellos que viven en el "pálido punto azul" de Sagan.

Pero, si el mundo visible es todo lo que existe y la vida es un accidente, entonces la inteligencia humana, sus logros y aspiraciones no tienen significado alguno. Salomón lo sintió cuando estudió la existencia humana en la dimensión presente y declaró que todo esto era "aflicción de espíritu" (Eclesiastés 1:17). Salomón comprendió que Dios ha puesto un deseo en la humanidad de más de lo que podemos ver en la vida. Su búsqueda lo llevó a descubrir la dimensión eterna, una realidad más allá de las cuatro dimensiones de nuestra existencia. Esta perspectiva la vemos en Eclesiastés 3:11 en le Palabra eterna:

> Todo lo hizo hermoso en su tiempo; y ha puesto eternidad en el corazón de ellos, sin que alcance el hombre a entender la obra que ha hecho Dios desde el principio hasta el fin.

Salomón comprendió que Dios había hecho todo hermoso en su tiempo. Fue Dios quien puso la eternidad en nuestro corazón; lo que Dios hace desde el principio hasta el fin se rige por su horario. Debemos regocijarnos y vivir vidas sanas, comer y beber, y disfrutar del fruto de nuestra labor aquí en la tierra porque es don de Dios. Nuestras vidas están conectadas con un mundo eterno más real y duradero que este mundo presente.

Hay muchos que no están de acuerdo conmigo, pero yo creo que le película *The Matrix* demuestra esta verdad mejor que cualquier intento que yo haga. La película es fascinante, pues los personajes viven en un mundo que ellos piensan que es real. La primera película recuenta como el personaje principal descubre que ha estado viviendo dormido al mundo real, ha sido manipulado por fuerzas malignas, y es prisionero de este mundo malvado. En su intento de descubrir el mundo invisible es burlado y ridiculizado. Tiene que experimentar un tipo de muerte para revelar el verdadero mundo.

Este escenario es cierto de nuestro mundo; ¡es temporal! Vivimos en una dimensión que, aunque real, ¡no es eterna! Pero podemos escavar este reino y vivir en la dimensión celeste donde los ángeles operan y los milagros suceden. Pablo descubrió esto hace dos mil años y se lo dijo a la iglesia de Corinto:

> Por tanto, no desmayamos; antes aunque este nuestro hombre exterior se va desgastando, el interior no obstante se renueva de día en día. Porque esta leve tribulación momentánea produce en nosotros un cada vez más excelente y eterno peso de gloria; no mirando nosotros las cosas que se ven, sino las que no se ven; pues las cosas que se ven son temporales, pero las que no se ven son eternas.
>
> —2 Corintios 4:16-18

Hay un mundo invisible que es mayor, más real, y más duradero que nuestra limitada existencia.

Los rangos

¿Y cómo obra Dios en nuestro mundo? ¡Pues a través de las personas y de los ángeles! Ya mencioné Nehemías 9:6. Recuerde que en el pasaje Nehemías hace referencia a las *huestes*. Este nombre tiene que ver con el gran número de estos seres espirituales dispuestos a servir. Exactamente ¿cuántos ángeles existen? Nadie puede contarlos con excepción de Dios. He aquí algunos versículos que nos dan una idea de la cantidad:

> Los carros de Dios se cuentan por veintenas de millares de millares.
>
> —Salmo 68:17

> …la compañía y su número era millones de millones.
>
> —Hebreos 12:22

...y su número era millones de millones.

—APOCALIPSIS 5:11

La cosa es que hay muchísimos de estos amigos maravillosos dispuestos a ayudarnos en el momento preciso.

Ángeles

Los ángeles son nuestros aliados sobrenaturales. Tienen un nivel altísimo de inteligencia, y son parte de nuestra familia del reino. En Hebreos 12:22 leímos que el número de la compañía, "los millones de millones" que se había reunido estaba ahí para adorar junto con la iglesia. Pero, ¿es eso todo lo que hacen los ángeles?

En el Nuevo Testamento, la palabra que se traduce al inglés como *ángel* proviene de la palabra griega *ággelos,* que significa "mensajero" o "uno que anuncia". En el Antiguo Testamento la palabra traducida como *"ángel"* es *malak,* que significa "un mensaje enviado". Por supuesto, esto indica que Dios usa ángeles para comunicarse.

Todos en los Estados Unidos recordamos la crisis financiera a finales del 2008. Dos semanas antes que la crisis estallara en realidad, yo estaba orando en mi estudio en el sótano de mi casa, cuando sentí una brisa y una presencia en la habitación. Mientras oraba oí una voz en mi espíritu que me decía: ¡Asegura tu retiro! En vez de obedecer, llamé a mi representante en la agencia cristiana de retiro a que pertenezco, y él me aconsejó que no moviera el dinero. Como consecuencia, sufrí pérdidas, como el resto del país. Estoy convencido que Dios había mandado un ángel para avisarme, y yo no escuché.

Hijos de Dios

En varios lugares de la Escritura también se conoce a los ángeles como "hijos de Dios". Este título se usa principalmente en el Antiguo Testamento, y habla de la relación de los ángeles con

Dios el Padre. Recuerde en Job 2:1 cuando se nos habla del día cuando "vinieron los hijos de Dios para presentarse delante de Jehová".

Antes de continuar con este capítulo es importante que sea bien claro. ¡No debemos adorar ángeles! Cualquiera que le diga otra cosa está predicando blasfemia. Los ángeles son los hijos "no engendrados" del Señor, mientras que el "unigénito" hijo de Dios es Jesús (Juan 3:16). Los ángeles son hijos de Dios igual que nosotros cuando Juan escribió: Amados, ahora somos hijos de Dios (1 Juan 3:2). Dios es padre de todos nosotros, y si usted ha aceptado a Cristo como su Salvador, usted es parte de una familia cósmica eterna.

Querubines

Cada ángel tiene un trabajo específico, y existe una clase de ángel llamada querubín, cuyo trabajo es guardar el trono de Dios sobre la tierra. Al parecer, por lo que leemos en la Escritura, los querubines acompañan al Señor cuando se manifiesta en la tierra.

Los querubines se mencionan primero en Génesis 3:34 cuando son puestos al este del Edén para proteger el camino hacia el árbol de la vida. Esto es muy interesante porque la palabra *querubín* proviene de una palabra antigua que significa "grande, poderoso, y generoso en bendecir",[1] ¡y es claro que estos son atributos de Dios! Allá en el Edén pareciera como si estos querubines fueran hostiles para con el hombre puesto que guardan, o bloquean el acceso al árbol de la vida. Al contrario, esto es muestra de gracia, porque si Adán hubiera comido de ese árbol, hubiera tenido que vivir con la maldición de vivir para siempre en un cuerpo envejecido. Fue la gracia quien puso allí para nosotros a ese querubín.

Yo creo que Adán y su familia traían sus ofrendas a las puertas del Edén donde estaban los querubines. Allí se ofrecían los sacrificios de sangre por la antigua familia. Es interesante ver más adelante en la Escritura que tanto en el tabernáculo como en el templo el lugar santísimo estaba adornado con querubines de oro alrededor del propiciatorio. También adornaban el Arca del Testimonio. Estas hermosas criaturas eran recordatorios de todo lo que se perdió detrás de la puerta del huerto y de la necesidad del hombre de un salvador.

Los verdaderos querubines moraban en el tabernáculo cuando la nube de gloria, llamada *Shekinah*, apareció sobre el propiciatorio. Los ángeles guardaban la presencia de Dios. Cuando Dios no era honrado, los ángeles se ponían en movimiento para defender el trono de Dios.

Recuerde las palabras de Dios a Moisés:

> Y de allí me declararé a ti, y hablaré contigo de sobre el propiciatorio, de entre los dos querubines que están sobre el arca del testimonio, todo lo que yo te mandare para los hijos de Israel.
>
> —ÉXODO 25:22

Estos querubines aparecieron una vez más en el capítulo diez del libro de Ezequiel. Se les describe a cada uno como teniendo alas, ruedas como medio de transporte, y cuatro caras. ¡Esto parece alinearse a la idea de los choferes del carro que transporta el trono de Dios en la tierra! Estos mismos seres se vuelven a ver en Apocalipsis 4 y se les llama "seres vivientes" en español, y en griego *zoon*. Es de esta palabra que recibimos la palabra *zoológico*". Entonces pues, los querubines son seres angelicales relacionados con el Planeta Tierra y su orden creado. Las cuatro caras muestran esta verdad como el número cuatro tradicionalmente representa la tierra.

Serafines

Algunos de los seres celestiales son llamados serafines. Este nombre solo lo encontramos en Isaías 6, cuando el gran profeta tuvo su visión transformadora. Su primo, el rey Uzías había muerto, y el profeta entró en el prohibido lugar santísimo. En medio de su dolor necesitaba oír palabra de Dios aunque esto le costara la vida. Al entrar en el lugar santísimo Isaías vio al Señor ¡sentado sobre su trono alto y sublime! En este lugar los serafines adoraban a Dios dando voces, diciendo: ¡Santo, santo, santo! Al ver esto, Isaías se vio motivado a confesar su propia inmundicia. Un serafín trajo un carbón encendido del altar, donde la sangre del sacrificio era quemada, y lo puso sobre los labios del profeta. ¡El fuego limpió sus pecados y dio a su vida nueva dirección!

Vea usted, serafín significa "el que quema". Es aparente que hay una relación directa entre estos ángeles y la manifiesta presencia de Dios. Estos son los seres que hacen arder nuestros corazones por la santidad de Dios, su presencia y su poder (vea Isaías 6:1-7).

Miguel

Miguel, cuyo nombre significa "quién como Dios", es mencionado en ambos testamentos. En estos pasajes descubrimos que es el comandante en jefe de los ejércitos angelicales en la tierra. En el libro de Daniel es Miguel quien lucha contra el demoniaco príncipe de Persia por dos semanas para contestar las oraciones de Daniel (vea Daniel 10:13). También encontramos a Miguel en Apocalipsis 12:7 al final del siglo como el que echa a Satanás y a sus ángeles de los cielos. En la lengua vernácula moderna pudiéramos ver a Miguel como el secretario de guerra.

Gabriel

Este poderoso ángel aparece para contestar oraciones, interpretar sueños, y dar la palabra de Dios. Si Miguel es el secretario de guerra Gabriel es presidente de comunicaciones. En dos ocasiones Gabriel interpretó los sueños de Daniel. También trajo la palabra a María de que, aunque era virgen, daría a luz un hijo, a Jesús, el Hijo de Dios. Gabriel dice de sí mismo que "está delante de la presencia de Dios" (Lucas 1:19). Esto indica que, junto con Miguel, Gabriel tiene un alto rango de autoridad angelical.

¿Pudiera este ángel tener el trabajo especial de cuidar de nuestra salvación? En Isaías 63:9 leemos: "En toda angustia de ellos él fue angustiado, y el ángel de su faz los salvó". Hay quienes piensan que el ángel de su faz es el Cristo preencarnado, pero es claro que es Gabriel.

El ángel del Jehová (o el ángel del Señor)

La frase, "ángel de Jehová" o "ángel del Señor" se menciona sesenta y tres veces en la Escritura. Como el ángel de su faz, muchos creen que este es el Cristo preencarnado. Esto es imposible, pues este ángel aparece doce veces en el Nuevo Testamento. Este, y el ángel de su faz, pudieran ser el mismo. Este ángel lleva consigo una maravillosa unción, de tal forma que cuando aparece la presencia de Dios es reconocida y luego adorada. Esto me hace pensar que este es el ángel acompañante de Dios.

Además, el ángel del Señor tiene mucho poder. El conoce a los que moran en la presencia de Dios y obra a su favor. Fue este ángel quien detuvo la mano de Abraham cuando la levantó contra su hijo Isaac; quien extendió su espada sobre Jerusalén y causó su destrucción durante los días de David; quien mató en una sola noche a 185 000 del ejército asirio; quien ordenó ángeles vigilantes que recorrieran la tierra en el libro de Zacarías. También vemos que fue el ángel del Señor quien dirigió el coro angelical sobre los campos de los pastores en Belén; quien se apareció a José y María para guiarlos a salvo a Egipto; quien despertó a Pedro para sacarlo de la cárcel.

Principados, potestades, tronos y dominios

Estos son títulos de los ángeles que ejercen dominio sobre naciones, ciudades y comunidades. Estos pueden ser seres benignos o malignos. En el reino invisible, que se conoce como el reino de los cielos, hay contiendas entre los ángeles de luz y los ángeles de las tinieblas. Nuestras oraciones afectan esas luchas (vea Daniel 10, Efesios 6:12, Santiago 5:16).

Todos los ángeles tienen nombre, personalidades diferentes, y asignaciones específicas. Cuando la iglesia llega a su límite, y se da cuenta de la imposibilidad de su tarea contra la amenaza del terror demoniaco y la creciente oposición de una sociedad secular, ella busca los recursos sobrenaturales de Dios. Entonces verá los cielos abiertos y las huestes, los ejércitos angelicales que vienen en su ayuda.

Reinos angelicales

Hay ámbitos de vida y realidad más allá del alcance y la razón humanas. Los ángeles, las huestes de Dios, son algunos de estos misterios. Sí, estos seres sobrenaturales están por todas las Escrituras, desde la primera hasta la última página de la Biblia.

Al correr de mi vida he sido beneficiado con ayuda angélica. Solo desde hace unos años la ciencia ha comenzado a alcanzar a la Biblia en esta área de otros reinos y dimensiones más allá de la percepción humana. Los ángeles de Dios viven con nosotros y más allá de nosotros a la misma vez.

El mundo invisible

La física cuántica estudia el origen de la materia. Este ámbito de la ciencia cree que el mundo tuvo un principio; por lo tanto existe un mundo todavía mayor y más próspero más allá de nuestro cosmos. En la tierra vivimos en cuatro dimensiones: nuestro mundo tiene longitud, anchura, altura, y tiempo. En lo natural, estas dimensiones nos limitan. Los físicos cuánticos (como Brian Greene, que escribió *El universo elegante*) han descubierto la existencia de por lo menos once dimensiones. Todas estas dimensiones se mueven en líneas derechas. A esta se le llama la perspectiva o historia "linear". Dios creó nuestro universo y puso esta línea en marcha. La creó, pero Él no es cautivo en ella. Dios vive por encima y más allá de nuestra historia. Cuando aprendemos que existen por lo menos siete dimensiones más allá de nuestra corta vista, se amplía nuestra perspectiva, y esas dimensiones que no hemos visto cautivan nuestra imaginación.

¡Es en este reino que Dios vive! Pablo se refirió a estas dimensiones como "el tercer cielo". Cuando Salomón dedicó el gran templo, habló de nuestro Dios como uno que no está limitado por los cielos que podemos observar. Él dijo: "Pero ¿es verdad que Dios morará sobre la tierra? He aquí que los cielos, los cielos de los cielos, no te pueden contener; ¿cuánto menos esta casa que yo he edificado?" (1 Reyes 8:27).

¿Cómo alcanzamos las dimensiones donde Dios vive? Nuestra historia linear no puede llegar al tercer cielo. Nuestras dimensiones simplemente no viajan en la misma dirección. Sin embargo, su dimensión puede cruzarse con la nuestra. Cuando eso sucede, todo en esa nueva dimensión (o Dios), según la física cuántica, se hace disponible en nuestra dimensión presente. Cuando estas dimensiones se cruzan, las limitaciones y las leyes de nuestra dimensión pueden ser alteradas, quebrantadas, o transformadas. Las limitaciones y las leyes de nuestro mundo con sus cuatro dimensiones se pueden suspender. Nuestro orden natural puede ser cambiado por una interrupción dimensional sobrenatural.

El misterio revelado

Billy Graham dijo una vez:

> Los ángeles son parte de una dimensión única y diferente de la creación, la cual nosotros, limitados por el orden natural, casi no podemos comprender. En este dominio angelical las limitaciones son diferentes a aquellas que Dios ha impuesto sobre nuestro orden natural. El ha dado a los ángeles conocimiento, poder, y movilidad más altos que

a nosotros; ellos son los mensajeros de Dios cuyo trabajo principal es cumplir sus órdenes en el mundo. Él les ha dado cargos de embajadores. Él los ha designado y apoderado como deputados santos para hacer obras de justicia. De esta forma le asisten como su Creador, mientras que su soberanía controla el universo. Así les ha dado Él la capacidad de concluir su obra santa.[2]

Mucho antes de *La guerra de las galaxias* lo profetas de antaño vieron una guerra de vida o muerte en los últimos tiempos entre las fuerzas de luz y las fuerzas de las tinieblas en el ámbito eterno. Aunque esa guerra ya ha sido ganada por Cristo en la cruz, todavía se libra una batalla por el alma de la humanidad; no estamos solos en esa batalla. Tenemos aliados invisibles para ayudarnos al fin del tiempo mientras llevamos a efecto la victoria de Cristo.

Capítulo 8

El MISTERIO *del* MONTE SINAÍ

EL MONTE SINAÍ: esa enigmática roca en el desierto donde Dios se encontró con sus hijos. Cecil B. DeMille capturó su majestad en su épico filme *Los diez mandamientos*, y al hacerlo solidificó el cuadro de su grandeza para toda una generación de cristianos. Pero, ¿qué sabemos acerca de este monumento geográfico? Más aún, ¿tiene alguna importancia este monte para los cristianos de hoy en día? Aparentemente el apóstol Pablo lo creyó así. Lea sus palabras a los corintios que encontramos en 1 Corintios 10:1-10:

> Porque no quiero, hermanos, que ignoréis que nuestros padres todos estuvieron bajo la nube, y todos pasaron el mar; y todos en Moisés fueron bautizados en la nube y en el mar, y todos comieron el mismo alimento espiritual, y todos bebieron la misma bebida espiritual; porque bebían de la roca espiritual que los seguía, y la roca era Cristo. Pero de los más de ellos no se agradó Dios; por lo cual quedaron postrados en el desierto.
>
> Mas estas cosas sucedieron como ejemplos para nosotros, para que no codiciemos cosas malas, como ellos codiciaron. Ni seáis idólatras, como algunos de ellos, según está escrito: Se sentó el pueblo a comer y a beber, y se levantó a jugar. Ni forniquemos, como algunos de ellos fornicaron, y cayeron en un día veintitrés mil. Ni tentemos al Señor, como también algunos de ellos le tentaron, y perecieron por las serpientes. Ni murmuréis, como algunos de ellos murmuraron, y perecieron por el destructor.

Pablo recordó estos eventos del Éxodo y los marcó, no solo para los corintios sino para usted y para mí en el día de hoy también. ¿Por qué? Muchas son las razones, pero para nuestros propósitos aquí es importante notar que el versículo 6 tanto como el versículo 11 (que sigue al pasaje anterior). Pablo dice:

> Y estas cosas les acontecieron como ejemplo, y están escritas para amonestarnos a nosotros, a quienes han alcanzado los fines de los siglos.
>
> —1 Corintios 10:11

Igual que Sodoma y Gomorra, igual que el arca de Noé, igual que el arca del pacto, la cual veremos en capítulos más adelante, el monte Sinaí en sí y los eventos que allí ocurrieron fueron ejemplos para nosotros de la veracidad de la Palabra de Dios, advertencias que reflejan la inminente Segunda Venida.

LA RUTA DEL ÉXODO

Uno de los descubrimientos más sorprendentes de nuestros días es la localización del monte Sinaí. Por años se ha creído que el monte de Dios está en la península del Sinaí. Tiene sentido, me supongo, puesto que se llama la península del "Sinaí". Pero esta localización tiene un problema principal: ¡todavía está en Egipto! Es claro que Dios había sacado a su pueblo de Egipto, así que traerlos a un lugar todavía en Egipto, fácilmente accesible desde el delta del Nilo, que hubiera estado repleto de ejércitos egipcios, no solo es contrario al propósito para que los sacó, sino que es ridículamente ilógico.

Madián

Para poder entender mejor donde está el Sinaí tenemos que volver atrás, años antes que sucediera el Éxodo, cuando Moisés era un prófugo asesino tratando de cambiar su vida. Se había casado y su familia era bastante pudiente. Su suegro Jetro era sacerdote en la tierra de Madián. Moisés había rescatado a sus hijas de algunos pastores vándalos y como recompensa Jetro le dio a su hija Séfora como esposa. Moisés entonces fue pastor para su suegro, y fue mientras pastoreaba las ovejas, en *Madián*, que Moisés, en el monte Horeb, vio la zarza que ardía, pero no se consumía. Aquí, se nos dice en Éxodo 3:12, Dios le dijo a Moisés:

> Ve, porque yo estaré contigo; y esto te será por señal de que yo te he enviado: cuando hayas sacado de Egipto al pueblo, serviréis a Dios *sobre este monte*.
>
> —ÉNFASIS AÑADIDO

Aquí tenemos el mejor indicio acerca de la localización del Sinaí. Es en la tierra de Jetro, la tierra del suegro de Moisés, que con claridad se nos dice que es la tierra de Madián. Dios le dijo a Moisés que trajera al pueblo a este monte donde Dios le había hablado. Este monte no está en la península del Sinaí, sino hacia el noroeste, en Arabia Saudita.

Pero esta solo es mi opinión, ¿verdad? Yo no soy arqueólogo. ¿Existe algo, sobre todo en la Biblia, que pueda apoyar esta idea loca mía de que el Monte Sinaí no está en la península que lleva su nombre, sino en el interior de la Península Arábica? ¡Pues sí, lo hay! En la carta a los gálatas, Pablo dice:

> Porque Agar es el monte Sinaí en Arabia, y corresponde a la Jerusalén actual, pues ésta, junto con sus hijos, está en esclavitud.
>
> —GÁLATAS 4:25

Por toda la península del Sinaí hay gran cantidad de evidencia de que los egipcios antiguos controlaban esta área. Hay inscripciones que hablan de sus operaciones mineras en el lugar. Hay templos y fortalezas. Y yo digo de nuevo que si Moisés hubiera traído al pueblo a la península de Sinaí, y se hubieran detenido, ¡todavía estuvieran en Egipto! Sin embargo, no hay evidencia de ocupación egipcia en la Arabia Saudita.

Ramesés

A diferencia del pensamiento popular, Ramesés no era una ciudad. Era la región del delta, la tierra que Faraón otorgó a la familia de José para que vivieran en ella durante el tiempo de José. Esta tierra se le conocía como la tierra de Gosén, tanto como la tierra de Ramesés. Allí es que la gran población de hebreos vivía. En Génesis 47:11 se nos dice:

> Así José hizo habitar a su padre y a sus hermanos, y les dio posesión en la tierra de Egipto, en lo mejor de la tierra, en la tierra de Ramesés, como mandó Faraón.

Y en Génesis 47:27 leemos:

> Así habitó Israel en la tierra de Egipto, en la tierra de Gosén; y tomaron posesión de ella, y se aumentaron, y se multiplicaron en gran manera.

Ramesés no podía ser la referencia de una ciudad por el simple motivo de que simplemente no existía una ciudad en el antiguo Egipto lo suficientemente grande como para sostener los dos a tres millones de personas que Moisés sacó de Egipto, mucho menos todas sus ovejas y ganado. Pero la Biblia dice que estaban en sus casas.

¡Pero tenían que estar en sus casas! Sabemos que el "ángel de la muerte" tomó las vidas de todos los primogénitos de Egipto, y Faraón dijo a Moisés que tomara al pueblo y se fueran. Ellos tenían que haber estado listos cuando llegó la orden.

Sucot

El área de Sucot (conocida también como Tharu) también está localizada cerca del Delta, o Ramesés, donde vivían los israelitas, y Tharu era donde el ejército egipcio se reunía para prepararse para sus expediciones militares hacia el norte. Los ejércitos consistían de una gran cantidad de hombres, caballos y carros. Precisaban de un área grande para reunirse debidamente.

Moisés conocía bien a Tharu, llamada Sucot en el relato bíblico, y fue aquí donde organizó al pueblo para la jornada. Es importante entender esto más que nada por lo que va a suceder después. Porque si vemos en un mapa la localización de Gosén, o Tharu, es fácil ver que si vamos hacia el este y luego viramos hacia el sur, cuando llegamos a Arabia nos topamos directamente con la tierra de Madián. Debió haber sido una ruta fácil.

DE SUCOT A ETAM Y A PI-HAHIROT

Éxodo 13:20 nos dice que cuando los israelitas comenzaron la jornada en Sucot, "acamparon en Etam, a la entrada del desierto". Precisamente antes de llegar a Etam, me imagino que todavía estuvieran de buen espíritu. Aunque la ruta no los hubiera llevado hacia el este, como seguro que Moisés hubiera sabido que era la más fácil, no era un viaje difícil. Con vistas marítimas por un lado, y pintorescas montañas por otro, y el dulce sabor de la libertad presente en todas partes, los hebreos viajeros de seguro que estaban en un estado de estupor constante. Pero entonces vino Etam.

De pronto estaban atrapados, con montañas en frente y a un costado, mientras que oían reportes de que los ejércitos de Faraón les perseguían. Fue entonces que se dieron cuenta de lo que estaba sucediendo. Este era el desierto del mar Rojo. Esta era la ruta que tomaban las caravanas y los ejércitos a menudo porque era más segura que a lo largo de la costa donde estaban los filisteos.

Entiéndase que Etam no era una localización singular, como un pueblo. Era una designación de la tierra que estaba alrededor del borde norteño del Golfo de Aqaba. Fue aquí en Etam que Dios le dijo a Moisés:

> Di a los hijos de Israel que den la vuelta y acampen delante de Pi-hahirot, entre Migdol y el mar hacia Baal-zefón; delante de él acamparéis junto al mar. Porque Faraón dirá de los hijos de Israel: Encerrados están en

la tierra, el desierto los ha encerrado. Y yo endureceré el corazón de Faraón para que los siga; y seré glorificado en Faraón y en todo su ejército, y sabrán los egipcios que yo soy Jehová. Y ellos lo hicieron así.

—Éxodo 14:2-4

Así que en Etam ellos dejaron de viajar hacia el norte y dieron un inexplicable viraje (excepto que Dios les dijo que viraran) hacia el sur, a través de una rambla que les debió haber parecido un laberinto interminable. Acorralados por la izquierda y la derecha, solamente podían viajar en una dirección, y el único camino a donde los lleva la rambla es una playa grandísima donde fácilmente cabían los millones de israelitas con sus ovejas y ganado. Fue allí donde se vieron atrapados. Fue allí donde Dios abrió el mar ante sus ojos.

El monte de Jehová

El aspecto final a considerar en el misterio del Sinaí es en el monte en sí. Hay en Arabia Saudita un monte al que hoy se conoce como Jabal al-Lawz. El gobierno saudita tiene una batería misil en la cima de la montaña y tiene prohibida las exploraciones. Sin embargo, un equipo se infiltró y encontró pruebas sobrantes de que, de hecho, el monte es el monte Sinaí. Yo creo que el gobierno saudita teme que Israel lo reclame como suyo. Hasta ahora se han negado a permitir nuevas excavaciones.[1]

El misterio revelado

Como con todos los relatos antiguos, tenemos la tendencia de escuchar la historia una y otra vez, y con la familiaridad los detalles se nublan. Es importante notar los detalles más finos del recuento del Éxodo para poder ver la mayor enseñanza de Dios.

Primero, si miramos donde los hijos de Israel comenzaron su jornada y cual fue su destino, vemos que la ruta que tomaron fue, en una palabra, tonta. No tenía sentido. "Debieron" haber ido hacia el este al salir de Gosén, a través de la porción norte de la península del Sinaí, hacia la porción sur de lo que es hoy Israel, y entonces virar hacia el sur hacia lo que hoy es Arabia Saudita. Esta hubiera sido, esencialmente, un abordaje de línea recta en dos direcciones de la jornada.

En su lugar Dios envió a su pueblo escogido inmediatamente hacia el sur hacia el desierto. Básicamente, sus instrucciones los llevaron a lo que parecía una trampa, con montañas intransitables al norte y al oeste, rugientes olas hacia la derecha, y el ejército de Faraón detrás. La muerte tiene que haberles parecido inminente. Por lo menos su tiempo de libertad había terminado. Yo me he sentido así a menudo. ¿Y usted? Ha habido momentos en mi vida cuando he creído que estaba siguiendo las instrucciones de Dios, solo para verme atrapado, sin salida, y con el enemigo detrás de mí, y la esperanza totalmente perdida.

Pero como sucedió con los hebreos cuando estaban atrapados, he visto a Dios abrir el mar y hacer un camino para mí; no a mi manera, sino a su manera. El misterio revelado en el Éxodo es este: habrá momentos en su vida cuando la esperanza parecerá desaparecer y no hay salida. Pero si confía en Dios y espera el Él con paciencia, Él abrirá camino donde parece que no hay camino, y al proveer el escape, simultáneamente también creará los medios para la destrucción de su enemigo.

Capítulo 9

El MISTERIO del ARCA del TESTIMONIO PERDIDA

N O PIENSO QUE sea una exageración decir que lo que la mayoría del pueblo estadounidense cree, y aún la iglesia en Estados Unidos, acerca del arca del testimonio procede de su conocimiento de las aventuras de ficción de Indiana Jones. Cuando salió la película *Los cazadores del arca perdida* en el verano de 1981, parecía que el mundo estaba listo para un tipo diferente de héroe, y una aventura que tuviera un giro bíblico. Confieso que la escena en el pozo de las almas, cuando Indy y su amigo Sallah levantaron el arca de su caja protectora, me llenó de maravilla y asombro. No pude sino preguntarme como sería poder ver esta reliquia sagrada. De vez en cuando mi mente viaja al Éxodo, y la descripción del cofre sagrado.

> Y harás un propiciatorio de oro fino, cuya longitud será de dos codos y medio, y su anchura de codo y medio. Harás también dos querubines de oro; labrados a martillo los harás en los dos extremos del propiciatorio. Harás, pues, un querubín en un extremo, y un querubín en el otro extremo; de una pieza con el propiciatorio harás los querubines en sus dos extremos. Y los querubines extenderán por encima las alas, cubriendo con sus alas el propiciatorio; sus rostros el uno enfrente del otro, mirando al propiciatorio los rostros de los querubines. Y pondrás el propiciatorio encima del arca, y en el arca pondrás el testimonio que yo te daré. Y de allí me declararé a ti, y hablaré contigo de sobre el propiciatorio, de entre los dos

querubines que están sobre el arca del testimonio, todo lo que yo te mandare para los hijos de Israel.

—ÉXODO 25:17-22

¿Por qué esforzarse tanto en algo que no es más que un baúl de recuerdos? A través de mis años de estudio he descubierto que el arca es mucho más que un repositorio para la vara de Aarón reverdecida, una vasija llena de maná, y las tablas de piedra de los Diez Mandamientos.

EL LUGAR SANTÍSIMO

Sin caer en una descripción elaborada del tabernáculo de Moisés, el tabernáculo de David, o ninguno de los templos, baste decir que el plan de esas estructuras era importante, y que cada pieza tenía su significado. Cada sección era importante y sagrada, pero ninguna como la oscura habitación escondida detrás de un velo de cuatro pulgadas (10.16 cm). El arca del testimonio era el único mueble dentro del lugar santísimo. Estaba construido de madera acacia, y sus dimensiones externas eran dos codos y medio de largo por codo y medio de ancho, y codo y medio de alto, y estaba cubierta de oro por dentro y por fuera. A lo largo de cada lado corría un borde que se extendía sobre le parte de arriba del arca, como para evitar que la tapa se moviera. A esta tapa le llamaban el propiciatorio. Era del tamaño del arca y también estaba hecho de madera de acacia cubierta de oro puro.

A cada extremo de la tapa del arca, o el propiciatorio, estaban puestos los querubines. Hay quien dice que estas figuras, hechas de oro labrado a martillo, parecían seres humanos, excepto por las alas, mientras que otras autoridades piensan que las figuran pudieran haber tenido la misma complejidad de los querubines que se mencionan en Ezequiel (vea Ezequiel 1:5-14). Posiblemente tendrían la misma altura de un hombre y estaban colocados frente a frente, mirando al propiciatorio, con sus alas hacia adelante. Sobre esta tapa estaba el incensario, con el que el sumo sacerdote entraba al lugar santísimo cada año. En medio de los querubines descansaba el Shekinah, la nube sobre la cual Jehová se aparecía sobre el propiciatorio. No era la nube de incienso sino la aparición manifiesta de la gloria divina, y porque Jehová manifestaba su presencia en esta nube, no solo ningún hombre impuro o pecador podía presentarse ante al propiciatorio (acercarse a la presencia del Dios santísimo), hasta el ungido sumo sacerdote, si se presentara por su propia voluntad sin la sangre expiatoria del sacrificio, estaba expuesto a una muerte segura.

El contenido

El arca contenía una vasija de oro llena de maná que milagrosamente se había preservado (Éxodo 16:33-34), la vara de Aarón que había reverdecido (Núm. 17:10), las dos tablas de piedra donde Jehová había escrito los Diez Mandamientos, o mejor dicho, las que Moisés había copiado luego de romper las originales al escuchar de la idolatría de Israel (Éxodo 40:20), y una copia de la ley (que algunos piensan que era todo el Pentateuco [Éxodo 25:21]). Esta copia de la ley, se piensa que fuera la misma que fue descubierta más adelante durante el tiempo de Josías (2 Reyes 22:8). De cualquier manera, en algún momento la ley fue sacada (junto con el resto del contenido) porque durante los días de Salomón el arca solo contenía las dos tablas.

¿Por qué esos artículos? ¿Cuál es su importancia? ¿Tienen algún significado para nosotros hoy? Primeramente, es importante entender el papel que jugaba el arca en la vida diaria de los israelitas.

Lo más importante es que el arca guiaba la nación. En Números 10:33-34 leemos:

> Así partieron del monte de Jehová camino de tres días; y el arca del pacto de Jehová fue delante de ellos camino de tres días, buscándoles lugar de descanso. Y la nube

de Jehová iba sobre ellos de día, desde que salieron del campamento.

Nade se movía sin poner primero al Señor e ir donde Él les guiara. Esto es importante para nosotros hoy. Muy a menudo seguimos el camino que nos parece más fácil y más seguro, pero puede que ése no sea el camino que Dios quiere que sigamos. Además, el arca establecía las condiciones para encontrarse con Dios. El Éxodo 25:21-22 Dios dijo:

> Y pondrás el propiciatorio encima del arca, y en el arca pondrás el testimonio que yo te daré. Y de allí me declararé a ti, y hablaré contigo de sobre el propiciatorio, de entre los dos querubines que están sobre el arca del testimonio, todo lo que yo te mandare para los hijos de Israel.

Es importante notar que Dios quiere encontrarse con nosotros mientras está sentado en el propiciatorio. Él siempre va a encontrarse con nosotros en un lugar de misericordia, pero tenemos que hacerlo en el lugar y a la manera que Él ha dicho que hemos de encontrarlo, y no necesariamente en el lugar o a la manera que a nosotros nos gusta.

Así que es fácil ver que el arca del testimonio era un artículo muy importante, si no el más importante, en el inventario de Israel. ¿Qué harían los israelitas si pasara lo indecible?

EL ARCA DESAPARECE

Ocho añitos tenía solamente cuando ascendió al trono, pero había sido bendecido con una madre, Jedida, y consejeros que ayudaron al joven rey Josías a tomar las decisiones correctas. Se nos dice que Josías "hizo lo recto ante los ojos de Jehová, y anduvo en todo el camino de David su padre,[1] sin apartarse a derecha ni a izquierda" (2 Reyes 22:2). Según las crónicas de su reino, Josías comenzó a buscar a Dios a la edad de dieciséis años, y a los veinte estaba tan enfurecido por la idolatría del país que limpió la tierra de los "lugares altos" de los ídolos paganos.

Sus reformas se extendieron hasta las tierras de Manasés, Efraín, y por el norte hasta Neftalí. A la tierna edad de veintiséis años comenzó a reconstruir el templo. Según llegaba el dinero del norte y del sur se le daba a los levitas y sacerdotes para completar el trabajo. Fue durante este tiempo que el sumo sacerdote Hilcías encontró escondido en el templo el libro de la ley dada por medio de Moisés (ver 2 Crónicas 34:15). Hilcías dio el libro a Safán, el escriba del rey, quien a su vez leyó las palabras al rey Josías.

Cuando Josías oyó las palabras de la ley se rasgó sus vestidos en desesperación, pues se dio cuenta cuánto se había apartado la nación en desobediencia a los mandamientos de Dios. Mandó entonces al sumo sacerdote y a otros a consultar a Hulda la profetisa, quien confirmó la veracidad de lo que habían encontrado. Josías leyó todo el libro a los ancianos de Judá y Jerusalén, y renovó el pacto, exhortó a todos los ciudadanos a que juraran su fidelidad a ello. Josías dio treinta mil ovejas y tres mil bueyes para la Pascua. Esta fue la primera vez que la fiesta fue celebrada en tal colosal manera desde los días del profeta Samuel.

Y ahora venimos a la parte de la historia que tiene mayor significado para nuestros propósitos. En 2 Crónicas 35:33 leemos:

> Y dijo [Josías] a los levitas que enseñaban a todo Israel, y que estaban dedicados a Jehová: Poned el arca santa en la casa que edificó Salomón hijo de David, rey de Israel, para que no la carguéis más sobre los hombros. Ahora servid a Jehová vuestro Dios, y a su pueblo Israel.

Esto sucedió cerca del 621 a. C., solo treinta y cinco años antes de la destrucción de Jerusalén y del templo a manos de Nabucodonosor, cuando Judá entró en la segunda fase de su cautiverio babilónico. Y es significativo porque más adelante se nos da un relato bien detallado de los artículos que fueron llevados a Babilonia tanto de la casa del rey como de la casa del Señor. ¿Cuán detallado? En la lista que se encuentra en 2 Reyes 25:13-17 se mencionan cosas desde grandes pilares de bronce hasta pequeños cucharones. Pero no se menciona el arca en ninguna de estas listas, ni en ninguna de las listas de artículos que luego fueron devueltos. Como se nos dice en Jeremías 28:3 que el Señor había dicho que Él traería nuevamente "todos los utensilios de la casa de Jehová, que Nabucodonosor rey de Babilonia tomó de este lugar para llevarlos a Babilonia", debemos por lo tanto concluir que el arca ni fue tomada ni fue devuelta a Jerusalén.

El arca escondida

El arca debe haber sido escondida en algún momento en el período entre el decimoctavo año del rey Josías (cuando se nos dice que él mandó que la llevaran al templo de Salomón) y treintaicinco años más tarde, cuando el templo fue destruido. Como mencionara anteriormente, sabemos que no fue llevada a Babilonia. Se deja, entonces, a nuestra propia conclusión, según la evidencia, que en algún momento durante el reinado de Josías, el arca fue tomada del lugar santísimo y escondida, quizá para protegerla de las hordas invasoras de babilonios. Pero, ¿existe alguna evidencia que apoye esta teoría directamente?

Hay una sorprendente tradición hebrea en cuanto al arca del pacto. La encontramos específicamente en el libro apócrifo de 2 Macabeos (2:4-8), y dice que el arca había sido llevada por el profeta Jeremías y escondida en secreto en una cueva cuando la captura de la ciudad por Babilonia, y que su escondite jamás ha sido descubierto, y no lo será nunca, hasta que el Mesías establezca su reino y restaure la gloria a Israel. Lea el pasaje que encontramos en 2 Macabeos:

> Estaba escrito también en ese documento que el profeta, por instrucciones de Dios, se había hecho acompañar por

la tienda del encuentro con Dios y el arca del pacto, y que se había dirigido al monte desde el cual Moisés había visto la tierra prometida por Dios, y que, al llegar allí, Jeremías había encontrado una cueva en la que depositó el arca del pacto, la tienda y el altar de los inciensos, después de lo cual tapó la entrada. Algunos de los acompañantes volvieron más tarde para poner señales en el camino, pero ya no pudieron encontrarlo. Jeremías, al saberlo, los reprendió diciéndoles: 'Ese lugar debe quedar desconocido hasta que Dios tenga compasión de su pueblo y vuelva a reunirlo. Entonces el Señor hará conocer nuevamente esos objetos; y aparecerán la gloria del Señor y la nube, como aparecieron en tiempos de Moisés y cuando Salomón pidió al Señor que el templo fuera gloriosamente consagrado.[2]

Es importante notar que las líneas anteriores pueden haber sido mal traducidas y pueden haber dicho originalmente, no que el arca había sido puesta en el monte *sobre* el cual Moisés estaba cuando vio la tierra prometida (recuerde que Moisés no entró en la tierra con los hijos de Israel), sino que el arca estaba en el monte que Moisés *vio* cuando vio la tierra prometida. A causa de su altitud, Moisés pudo haber visto a Jerusalén desde Nebo.

En el libro *La paralipomena de Jeremías* (que significa "las palabras restantes que Jeremías"), también se nota que en obediencia a Dios, Jeremías escondió objetos del templo justo antes de la destrucción de Jerusalén. Ninguno de estos libros son dignos de confianza como escrituras santas; pero sí muestran una fuerte creencia de que Jeremías escondió, o hizo esconder el arca y otros objetos del templo. ¿Hay alguna verdad en esas historias? A mí me parece que son más que plausibles, ya que Jeremías era profeta en Israel durante el tiempo de Josías (cuando fue traída el arca nuevamente al templo), y continuó siéndolo a través del tiempo de la destrucción de Jerusalén. Es lógico creer que Dios le dirigió para esconder el arca y otros objetos sagrados.

Pero volvemos a la pregunta de la validación escritural. ¿Hay algo en la Biblia que apoye siquiera la idea de que Jeremías, u otra persona, haya escondido el arca? Lea las palabras de Jeremías 3:16, donde el Señor dice:

> Y acontecerá que cuando os multipliquéis y crezcáis en la tierra, en esos días, dice Jehová, no se dirá más: Arca del pacto de Jehová; ni vendrá al pensamiento, ni se acordarán de ella, ni la echarán de menos, ni se hará otra.

Este pasaje indica que Jeremías sí tenía conocimiento de que los israelitas no tendrían el arca a su regreso de Babilonia. También es importante notar que el Señor indicó con claridad: "Ni se hará *más*" (Jeremías 3:16, versión Reina Valera Antigua, énfasis añadido). Esto prueba que no hay promesa de que el arca jamás fuera reintegrada. Es más, en Ezequiel, más adelante, cuando se dan las instrucciones para el templo, no hay instrucciones que incluyan ni siquiera mención del arca. No se menciona nunca.

EL ARCA PERDIDA

El monte Moriah se menciona solo dos veces en la Biblia. Primero en el relato del mandato de sacrificar a Isaac. Leemos en Génesis 22:2 que el Señor dijo a Abraham:

> Toma ahora tu hijo, tu único, Isaac, a quien amas, y vete a tierra de Moriah, y ofrécelo allí en holocausto sobre uno de los montes que yo te diré.

Y luego en 2 Crónicas 3:1:

> Comenzó Salomón a edificar la casa de Jehová en Jerusalén, en el monte Moriah, que había sido mostrado a David su padre, en el lugar que David había preparado en la era de Ornán jebuseo.

Esto es importante porque tenemos que recordar que Jerusalén estaba situada sobre dos montes gigantescos a los que comúnmente se les refería como el monte Moriah y el monte Sión. Moriah queda hacia el este mientras que Sión está hacia el oeste (y el Monte de los Olivos queda todavía más hacia el este que Moriah). Los valles en las laderas del este, sur, y oeste daban protección natural a la ciudad, pero el área del norte del monte Moriah era un punto estratégicamente débil. Para aliviar esta debilidad una clase de foso fue excavado en la porción norteña del monte Moriah. Este foso no permitía que el enemigo pudiera traspasar los muros de la ciudad por esa dirección. En algún momento esta porción de Moriah fue usada como una cantera de piedras, y esto rebajó el nivel del suelo y lo convirtió en una trinchera que se extiende hasta casi por fuera del muro del norte. Esto creó una pared que los visitantes a Jerusalén pueden reconocer inmediatamente, y es muy conocida por los lectores de la Biblia, puesto que esta área creó la escarpadura del Calvario que contiene esa forma de calavera que muchos creen que fue el Gólgota. Importante para nuestro estudio, también contiene el área que se conoce como la Gruta de Jeremías, o el Calvario de Gordon.

En enero de 1979 Ron Wyatt comenzó a excavar en esta área. Su equipo y él comenzaron a excavar verticalmente a lo largo de la pared del acantilado. Su primer descubrimiento fue unos nichos como si fueran estantes cavados en la superficie de la pared. Al continuar excavando descubrieron tres de estos nichos a la derecha con huecos más pequeños. Ron está convencido que estos fueron cavados en la pared para guardar notas y letreros.[3]

Pero es fácil escribir historia en cosas que encontramos, pero consideremos las palabras de Quintiliano, el notable orador romano:

> Cada vez que crucificamos criminales, escogemos caminos muy transitados para que muchos vean y sean

movidos al miedo, porque el castigo no es cosa de venganza, es cosa de ejemplo.[4]

La crucifixión romana tenía tres elementos típicos, y son relatados en los evangelios. Primero estaba la flagelación pública, cuya severidad era arbitraria. Segundo, estaba la vergüenza pública que el individuo sufría mientras cargaba su cruz (o la viga transversal) al sitio de la ejecución, donde la víctima era clavada o amarrada a la viga, que luego era clavada al poste. El elemento final, que cabe en la descripción de Quintiliano acerca del propósito de este método de ejecución, era los letreros. Para poder disuadir a los criminales en potencia (o aquellos que no habían sido capturados), el crimen de la víctima debía exhibirse con claridad para que fuera visto por los que pasaban. (Recuerde que era posible que una persona durara días viva sobre una cruz, y a menudo el cuerpo se descomponía a lo largo de las vías y los caminos. Recuerde también la matanza de Espartaco y sus más de 6600 seguidores que fueron crucificados a lo largo de la Vía Apia de Roma).

Aunque interesante para Wyatt, estos nichos no fueron el propósito de su excavación. Wyatt estaba buscando el arca del testimonio. Al continuar la excavación, el equipo encontró muchos artículos interesantes, pero fue solo cuando Wyatt encontró una roca cubierta de piedra de cal que comenzó a emocionarse. La roca cubría un hueco de doce a trece pulgadas cuadradas (30-32 cm^2) que había sido cavado en el lecho de roca. Wyatt dedujo que este hueco había sostenido la cruz donde Jesús fue crucificado. En el hueco había una rajadura que parecía haber sido causada por un terremoto. La profundidad del hueco era de unas veintitrés y media pulgadas (60 cm) hacia dentro del lecho de roca, pero la rajadura parecía continuar mucho más profundamente. Más de un año después Wyatt descubrió que la profundidad de la rajadura era de más de veinte pies (6.10 m) a través de la roca.[5]

EL ARCA....¿ENCONTRADA?

Según el equipo continuó escarbando el área alrededor de la escarpadura, encontraron el plano de un edificio. Una pared corría a lo largo de la peña, por toda la parte de arriba de una plataforma elevada de lecho de roca. Dos paredes exteriores se extendían en un ángulo de noventa grados desde cada extremo de la pared. Al continuar la excavación, el equipo de Wyatt encontró una gran piedra la cual, cuando la midieron usando un radar de intercomunicación bajo la superficie desde el nivel de la tierra, medía unos trece pies en diámetro (3.96 m). En esta área, directamente debajo del supuesto hueco de la cruz que mencionamos antes, había un sistema de cuevas que Wyatt exploró por dos años.[6]

Los que nos importa a nosotros ahora es el día en que Wyatt, con la ayuda de un guía árabe, entró en una cueva en particular. Allí, ante ellos, había una apertura de aproximadamente dieciocho pulgadas (45.72 cm). El guía se entró arrastrándose con una linterna pero pronto salió, aterrado, y nunca más volvió al sitio.[7] Wyatt entró e hizo el mayor descubrimiento que de aún hayamos hablado en este libro.

El seis de enero de 1982, a las 2:00 p. m., con un espacio de solo dieciocho pulgadas (45.72 cm), Wyatt entró por la apertura. A la expectativa por lo que le había sucedido a su guía, "James", Wyatt alumbró la gran masa de roca, y sus ojos vieron algo reflectante. Despacio comenzó a remover las piedras una por una y descubrió unos trozos de madera podridos en seco debajo de las piedras, y trozos podridos de piel de animal que se polvorizaron al toque. Las pieles cubrían una mesa chapada en oro con un borde levantado a los lados, que consistían en patrón alterno de una campana y una granada. Solo le tomó un momento darse cuenta que esto era, al menos, un objeto del primer templo. No pudo desenterrar toda la mesa, pero luego de examinarla bien y estudiar a más profundidad, concluyó que posiblemente esta pudiera haber sido la mesa del pan de la propiciación.[8] Pero lo que cambiaría su vida para siempre sería el próximo descubrimiento. Wyatt continuó alumbrando el lugar y descubrió una grieta en el techo, y la grieta estaba cubierta con una sustancia negra. Inmediatamente su mente regresó al hueco de la cruz encima en la superficie, que también estaba cubierto de una sustancia negra y brillosa. Arrastrándose hacia el área de la grieta notó que debajo había otra caja de piedra que se extendía a través de las rocas. La tapa de la caja se había partido en dos y el pedazo más pequeño se había separado, creando una apertura al interior de la caja. Ron recuerda que la parte de arriba de la caja estaba tan cerca del techo de la cueva que no pudo ver claramente lo que había dentro, aunque él lo sabía. La grieta en el techo quedaba directamente sobre la porción partida de la tapa, y la sustancia negra se había derramado de la grieta hacia adentro de la caja. Wyatt dijo que podía ver vestigios de ella en el pedazo de la tapa que quedaba. Fue entonces, cuenta Wyatt, al darse cuenta de lo que había sucedido allí, que se desmayó. (Nota: véase el descargo de responsabilidad al final del capítulo).

EL MISTERIO REVELADO

Lo que había sucedido allí es que en la base de la cruz de Jesús, el hueco de veintitrés pulgadas (60 cm) donde había sido enterrada la cruz, su sangre se había acumulado y cuando sucedió en gran terremoto, la rajadura partió a través de la roca hasta partir la tapa de la caja de piedras, permitiendo que la sangre del precioso cordero de Dios fluyera a través de las capas de roca y cayeran sobre el propiciatorio del arca del testimonio.

Verá usted, en los tiempos antiguos el sacerdote acumulaba la sangre del cordero del sacrificio y la derramaba sobre el propiciatorio. Esto era una sombra que Dios hizo real en la crucifixión de Jesús. Ron Wyatt declaró que él había descubierto prueba física del cumplimiento de esta profecía. Luego afirmó haber verificado la presencia del arca usando un colonoscopio. Sin embargo, indicó que las autoridades detuvieron el reportaje del descubrimiento, habían confiscado evidencia, y sellado el área para más extensas exploraciones.

¿Por qué Dios va a revelar el arca hoy, después de tanto tiempo, sobre todo después que Cristo ya se convirtió en el sacrificio único y eterno? La respuesta solo la podemos encontrar cuando estudiamos los "tipos" del antiguo sistema de sacrificios.

Lo que es importante que recordemos es que durante la época del tabernáculo y el templo, había un ritual prescrito para la expiación de los pecados, y sin este ritual, no había perdón, ni justificación con Dios. En específico, la sangre del cordero del sacrificio se colectaba en una caldera especial. El sumo sacerdote llevaba la caldera al lugar santísimo, y se quedaba allí en total oscuridad por un período de tres horas. El sumo sacerdote oraba a Dios y le pedía el perdón de los pecados del pueblo. La sangre entonces era derramada sobre el propiciatorio. La gloria Shekinah aparecía entre los querubines sobre el propiciatorio y esto demostraba el perdón de Dios del pecado del pueblo. El sumo sacerdote entonces, puesto de pie, clamaba: "Consumado es".

El Nuevo Testamento declara en varios lugares que Jesús es nuestro sumo sacerdote, y detalla en su totalidad la ceremonia descrita en el párrafo anterior. Además, en Jeremías 31:31 Dios dice: He aquí que vienen días, dice Jehová, en los cuales haré nuevo pacto con la casa de Israel y con la casa de Judá. Más adelante, en el libro de Daniel, leemos que en ángel Gabriel se le apareció a Daniel para ayudarlo a comprender la visión que Daniel había tenido. Gabriel le dijo:

> Setenta semanas están determinadas sobre tu pueblo y sobre tu santa ciudad, para terminar la prevaricación, y poner fin al pecado, y expiar la iniquidad, para traer la justicia perdurable, y sellar la visión y la profecía, y ungir al Santo de los santos.
>
> —DANIEL 9:24

Esta es una profecía de la obra del Mesías, una obra que culminaría en la unción final del Santo de los santos, o, como ya hemos hablado, el lugar que era el más santo ante los ojos de Israel, el propiciatorio.

Esto está representado en la visión de Juan cuando se abre el templo de Dios en los cielos, y se ve el trono de Dios.

> Y el templo de Dios fue abierto en el cielo, y el arca de su pacto se veía en el templo. Y hubo relámpagos, voces, truenos, un terremoto y grande granizo.
>
> —APOCALIPSIS 11:19

Otra vez en Apocalipsis hay un recuento del trono de Dios abriéndose, pero aquí aprendemos lo que pasa después, cuando Cristo termina su gran y final obra de expiación:

> Después de estas cosas miré, y he aquí fue abierto en el cielo el templo del tabernáculo del testimonio; y del templo salieron los siete ángeles que tenían las siete plagas, vestidos de lino limpio y resplandeciente, y ceñidos alrededor del pecho con cintos de oro. Y uno de los cuatro seres vivientes dio a los siete ángeles siete copas de oro, llenas de la ira de Dios, que vive por los siglos de los siglos. Y el templo se llenó de humo por la gloria de Dios, y por su poder; y nadie podía entrar en el templo hasta que se hubiesen cumplido las siete plagas de los siete ángeles.
>
> —APOCALIPSIS 15:5-8

Lo que Juan vio fue la consumación del Día de la Expiación, que fue prefigura de lo que aconteció en la tierra. Cuando leemos acerca del Día de la Expiación del sistema sacrificial, y comparamos los versículos, vemos las similitudes entre los dos.

En Apocalipsis 15:8 leemos que el templo "se llenó de humo", y en Levítico 16:3 leemos que el sumo sacerdote "pondrá el perfume sobre el fuego delante de Jehová, y la nube del perfume cubrirá el propiciatorio que está sobre el testimonio, para que no muera". En Apocalipsis 15:8 leemos que "nadie podía entrar en el templo"; y en Levítico 16:17 dice: Ningún hombre estará en el tabernáculo de reunión cuando él entre a hacer la expiación en el santuario, hasta que él salga, y haya hecho la expiación por sí, por su casa y por toda la congregación de Israel.

He aquí, en el cielo, un espejo de lo que ha sucedido en la tierra. Lea estas impactantes palabras en 1 Juan 5:7:

> Porque tres son los que dan testimonio en el cielo: el Padre, el Verbo y el Espíritu Santo; y estos tres son uno.

Sí, hay testigos en el cielo que muestran la verdad de la gracia de Dios que encontramos en la sangre de Jesús. Cuando estamos cubiertos con su sangre, somos *suyos*. ¡Pero Juan no se detiene ahí! En el versículo 7 Juan habla de tres testigos celestiales, pero en el versículo 8 nos recuerda:

> Y tres son los que dan testimonio en la tierra: el Espíritu, el agua y la sangre; y estos tres concuerdan.

El misterio revelado es simplemente este: así como Dios instruyó al sumo sacerdote a derramar la sangre sobre el propiciatorio, y así como Dios ordenó que la sangre de Jesús fluyera a través de las rocas el Calvario sobre el propiciatorio, también ordenó que la sangre de Jesús, el precioso y perfecto cordero de Dios, se aplique sobre su corazón y sobre su vida. El testimonio del Espíritu en su vida, el testimonio del agua, y el testimonio de la sangre "concuerdan" para que cuando Satanás venga a tentarle, avergonzarle, o atacarle, usted pueda gritar con fuerza que la sangre que fue derramada en el Calvario le ha lavado, y usted ahora anda, no en una victoria ganada por sí mismo, sino en la suprema, completa, y final victoria que Cristo obtuvo cuando voluntariamente derramó su sangre, la vació sobre el propiciatorio, y gritó: "¡Consumado es!". El misterio revelado del arca, mi estimado amigo, ¡es que el Espíritu, el agua y la sangre testifican que usted camina en victoria!

DESCARGO DE RESPONSABILIDAD: Es importante notar que sería irresponsable omitir el hecho de que exploraciones postreras de la tumba del huerto por los que están a cargo del legado de Wyatt, no han podido encontrar la apertura o la cueva que Wyatt dice haber encontrado. Es posible que no la hayan visto, que haya sido rellenada y le hayan sacado los artefactos, o que Wyatt simplemente tuvo una visión.

Capítulo 10

El MISTERIO del MANTO de ORACIÓN

HABÍA PASADO AÑOS en soledad. La ley prohibía todo contacto con ella. Dependía de la misericordia de los extraños que la ayudaban con los quehaceres básicos como, sacar agua del pozo. Después de todo, ella no podía hacerlo, pues si solo tocara las piedras del pozo, el pozo entero seria declarado inmundo. Ninguna otra mujer podía pasar tiempo con ella por miedo a contaminarse. Ningún hombre quería estar con ella. Ni siquiera podía encontrar consuelo en Dios, puesto que para ella estaba prohibido entrar en el lugar de adoración local. Por doce largos años vivió en esa soledad.

Posiblemente usted haya oído la historia que relata el octavo capítulo del Evangelio de Lucas, pero me pregunto con cuánta frecuencia pensamos en ella como algo más que una mujer con un flujo de sangre. Ciertamente es difícil para nosotros comprender su situación. No vivimos bajo la ley mosaica, y de hecho hemos echado fuera cualquier necesidad que tenemos de saber, y mucho menos entender, este código. Pero es importante, antes de comenzar a hablar de este próximo misterio, que comprendamos a esta mujer, el mundo en que vivía, y el dolor, físico, mental y emocional que ella experimentaba.

Bajo la ley de Moisés, una mujer con flujo de sangre, bien debido a su menstruación, o sangramiento posparto, debía ser "apartada" por un período de siete días. Durante este tiempo, todo lugar donde que ella se sentaba o se recostaba era considerado inmundo. Entiéndase que esto significa que si se sentaba sobre una manta y usted tocaba la manta (aunque no tocara la parte manchada de sangre), usted tenía que someterse a un ritual de limpieza de sus ropas y su cuerpo para ser limpio nuevamente. Si durante este tiempo un hombre sostenía relaciones sexuales con esta mujer, compartía su inmundicia y también él era "apartado" por siete días.

La mujer que hemos mencionado había experimentado este asunto del flujo de sangre por doce años. De nuevo, según la ley, todos los días de su vida eran considerados inmundos. Por lo tanto, *ella* era considerada inmunda y tratada como tal. A causa de esto tenía que haber vivido una vida "apartada" de su comunidad durante todos esos años. Si estaba casada, su marido hubiera tenido que divorciarse de ella. No hubiera podido cuidar, ni siquiera ver, a sus hijos. No hubiera podido buscar consuelo en su congregación, ni ser visitada por el rabino local.

Ahora consideremos su estado físico. ¡Esta mujer llevaba doce años sangrando! Si usted alguna vez ha padecido de cualquier tipo de anemia, sabe muy bien lo difícil que es para el cuerpo. Esta mujer posiblemente sufriera de menorragia, que es una menstruación fuerte y prologada, acompañada de cólicos severos y pérdida excesiva de sangre. Como consecuencia, las actividades normales diarias hubieran sido casi imposibles de realizar. La pérdida de sangre es sustancial (las Escrituras se refieren a esto como hemorragia), al punto de llenar una toalla sanitaria cada dos horas. ¡Y esta mujer vivió con esto por doce años! Según la Biblioteca Nacional de Medicina de los Estados Unidos, hay varias causas posibles para la menorragia. Entre ellas:

- Hiperplasia endometrial
- Enfermedad de Von Willebrand y otros trastornos sanguíneos
- Pólipos uterinos
- Quistes ováricos

- Problemas glandulares que resultan en severos cambios hormonales
- Disfunción tiroidea
- Trastornos de coagulación
- Fibromas uterinos
- Cáncer

El menor de estos, a mi opinar (desbalances hormonales causados por problemas glandulares), aún sería un serio problema para enfrentar, ¡y esta pobre mujer lidió con esto por más de una década! Dice la Escritura que gastó todo lo que tenía en médicos, y no solo ellos no pudieron ayudarla, sino que la situación empeoró. Hoy en día es fácil tratar la menorragia con píldoras hormonales, y a menudo solamente con una histerectomía (la extracción del útero), o ablación o resección endometrial (un proceso que destruye permanentemente la membrana uterina). Ahora que tenemos un mejor cuadro de esta mujer, volvamos a escuchar su historia.

El tabernáculo

Jairo, el líder de la sinagoga local había venido buscando a Jesús. Su pequeña hija, de solo doce años yacía en la casa al borde de la muerte. Jairo suplicó a Jesús que viniera y la sanara. Mientras iban de camino la gente lo oprimía a su alrededor.

> Pero una mujer que padecía de flujo de sangre desde hacía doce años, y que había gastado en médicos todo cuanto tenía, y por ninguno había podido ser curada, se le acercó por detrás y tocó el borde de su manto; y al instante se detuvo el flujo de su sangre. Entonces Jesús dijo: ¿Quién es el que me ha tocado? Y negando todos, dijo Pedro y los que con él estaban: Maestro, la multitud te aprieta y oprime, y dices: ¿Quién es el que me ha tocado? Pero Jesús dijo: Alguien me ha tocado; porque yo he conocido

que ha salido poder de mí. Entonces, cuando la mujer vio que no había quedado oculta, vino temblando, y postrándose a sus pies, le declaró delante de todo el pueblo por qué causa le había tocado, y cómo al instante había sido sanada. Y él le dijo: Hija, tu fe te ha salvado; ve en paz.

—LUCAS 8:43-48

A menudo la gente enseña que el "borde" del manto de Jesús era literalmente el lugar donde se cosía la tela debajo para evitar que se deshilachara, o simplemente el borde del vestido. Esa interpretación en sí no es incorrecta, después de todo Jesús mismo dijo que lo que había sanado a la mujer había sido su fe. Pero, ¿existe algo más en la historia que nos ayude a entender? En el libro de Números leemos:

Y Jehová habló a Moisés, diciendo: Habla a los hijos de Israel, y diles que se hagan franjas en los bordes de sus vestidos, por sus generaciones; y pongan en cada franja de los bordes un cordón de azul. Y os servirá de franja, para que cuando lo veáis os acordéis de todos los mandamientos de Jehová, para ponerlos por obra; y no miréis en pos de vuestro corazón y de vuestros ojos, en pos de los cuales os prostituyáis. Para que os acordéis, y hagáis todos mis mandamientos, y seáis santos a vuestro Dios. Yo Jehová vuestro Dios, que os saqué de la tierra de Egipto, para ser vuestro Dios. Yo Jehová vuestro Dios.

—NÚMEROS 15:37-41

Luego en Deuteronomio leemos instrucciones similares:

Te harás flecos en las cuatro puntas de tu manto con que te cubras.

—DEUTERONOMIO 22:12

Este manto se llama *tallit*. En su forma más simple es un manto de oración; es rectangular, y tiene flecos en cada esquina llamados *tzitzits*. La palabra *tallit* en sí es una palabra hebrea compuesta de las palabras *tal* que significa "tienda", y *ith*, que significa "pequeña". El manto de oración es entonces, por intención de Dios, una "pequeña tienda" o un "pequeño tabernáculo" para el individuo. Recuerde las instrucciones que dio Jesús en Mateo 6:6 cuando dijo:

> Mas tú, cuando ores, entra en tu aposento, y cerrada la puerta, ora a tu Padre que está en secreto; y tu Padre que ve en lo secreto te recompensará en público.

El tallit es el lugar de reunión personal, el lugar secreto de oración e intimidad con Dios.

Una descripción breve

Antes de proceder es necesario describir el manto para aquellos que quizá nunca lo han visto, pues su artesanía es importante para comprenderlo.

El tallit tiene una franja inscrita alrededor del cuello que lee (traducida): "Bendito eres, Señor y Dios nuestro, Rey del universo, que nos santificó con sus mandatos y nos mandó según el mandamiento de los flecos (tzitzits)". Esto es importante porque reconoce la entrada del que usa la "pequeña tienda", el tallit, y que es ordenado por Dios. Esta es la parte que se besa antes de ponerse. Esto alude al hecho de que la oración poderosa (eficaz, ferviente) es aquella que está basada en la adoración. La palabra griega para adoración es *proskunéo*, que significa "besar, hacer reverencia a".

La tela del tallit variaba, pero el tallit tradicional es hecho en su totalidad de lana. Por supuesto, esto representa la sangre de los sacrificios, la ley, su protección, y su cobertura.

Finalmente, debemos prestar atención especial a los tzitzits. Estos flecos que tan fácilmente se ignoran están llenos de significado y simbolismo. Ante todo, es importante recordar que cada letra del alfabeto hebreo tiene un valor numérico. Esto no es numerología según se conoce hoy en día, sino que era usada para dar especial significado a las palabras. El valor numérico de las letras צ ' צ ח (tzitzits) en hebreo es 600. Cada fleco, o tzitzit consta de ocho cordones y cinco nudos. Esto suma un total de 613. Hay 613 mandamientos en la ley de Moisés (365 prohibiciones y 248 afirmaciones). Además, el nombre silente de Dios, יְהוָה, o YHVH (Jehová) se puede encontrar en tzitzit. El nombre en hebreo se compone de las letras *yod, hey, vav,* y *hey.* Estas son la décima, quinta, sexta, y quinta letras del alfabeto. El tzitzit está atado con un nudo y diez vueltas, otro nudo y cinco vueltas, otro nudo y seis vueltas, y un nudo final con cinco vueltas. Es interesante que en la tradición askenazi, los tzitzits están atados de forma algo diferente, pero aún señalan hacia Dios. En específico, cada tzitzit está atado con un total de 39 vueltas. Al primer nudo lo siguen siete vueltas; al segundo, ocho vueltas; al tercero; once vueltas; y el cuarto, trece vueltas. La suma de los primeros tres es veintiséis, el valor numérico de YHVH, y el número final, trece, es el valor numérico de *echad,* o "Uno". Esta es la fe fundamental conocida como "Shema", que declara: "Oye, o Israel, el Señor tu Dios, uno es". La frase final, "el Señor uno es", en hebreo es *YHVH echad.*

El tallit en las relaciones

El tallit es un artículo indispensable en las bodas judías. A menudo la novia entrega al novio un tallit, con el que él se cubre. También puede colocarse sobre las cabezas de ambos durante la recitación del Sheva Brachot (las siete bendiciones). Finalmente, el mismo toldo a veces es hecho de un tallit más grande de tamaño completo llamado *tallit gadol.*

En Génesis 2:24 leemos:

> Por tanto, dejará el hombre a su padre y a su madre, y se unirá a su mujer, y serán una sola carne.

El cubrir a ambos, la novia y el novio, es una hermosa representación de esta verdad, al ponerse ellos bajo la cobertura de Dios como una sola carne.

Rut

Creo que no hay lugar en la Escritura que despliegue el uso del tallit y su simbolismo mejor que en la historia de Rut. Recuerde que Rut fue la nuera de Noemí, y el esposo, el cuñado, y el suegro de Rut todos murieron. Noemí entonces decidió volver a Judá. Orfa, la primera de las nueras, volvió a su propia familia "y a sus dioses" (Rut 1:15), y Noemí exhortó a Rut a que hiciera lo mismo. Pero Rut se negó rotundamente y regresó a Judá con ella con Noemí.

Para poder mantenerse a sí misma y a su suegra, Rut recorría los campos (según la costumbre de los indigentes en aquellos días) de Booz, pariente de Noemí. Al verla trabajar con diligencia, Booz da instrucciones específicas de que ninguno de sus hombres se le acercara, y que deberían darle concesiones especiales al sacar agua de sus pozos. Cuando él le dijo estas cosas, Rut cayó a sus pies y le preguntó cómo había logrado tal favor a sus ojos. Booz contestó:

> He sabido todo lo que has hecho con tu suegra después de la muerte de tu marido, y que dejando a tu padre y a tu madre y la tierra donde naciste, has venido a un pueblo que no conociste antes. Jehová recompense tu obra, y tu remuneración sea cumplida de parte de Jehová Dios de Israel, bajo cuyas alas has venido a refugiarte.
>
> —Rut 2:11-12

Esta frase, "bajo cuyas alas has venido" es la misma frase usada en la profecía de Malaquías, cuando dijo:

> Porque he aquí, viene el día ardiente como un horno, y todos los soberbios y todos los que hacen maldad serán

estopa; aquel día que vendrá los abrasará, ha dicho Jehová de los ejércitos, y no les dejará ni raíz ni rama.

—MALAQUÍAS 4:1-12

La palabra hebrea para "alas" en este pasaje es *knaf*, la cual tiene una definición muy específica. Literalmente significa los flecos de las plumas de los pájaros. No significa el ala completa, solamente los flecos. Pero de nuevo a Rut. Esta frase cobra importancia más tarde en la historia. Rut dijo a Noemí lo que había hecho Booz el favor que le había mostrado. Noemí dijo a Rut que se lavara y se perfumara, se vistiera con sus mejores vestidos, y fuera esa noche a la era donde Booz aventaba la cebada. Booz era pariente de Noemí, y tenía el derecho y la obligación de cuidar de Rut (y por extensión, de Noemí) tomándola por esposa.

Noemí le dijo a Rut: "No te darás a conocer al varón hasta que él haya acabado de comer y de beber. Y cuando él se acueste, notarás el lugar donde se acuesta, e irás y descubrirás sus pies, y te acostarás allí; y él te dirá lo que hayas de hacer" (Rut 3:3-4).

Rut se vistió con sus mejores vestidos, y se perfumó, y fue a donde Booz estaba trabajando. Después de haber comido, "y su corazón estuvo contento" (3:7), se acostó junto a un montón de grano. Rut entró calladamente, descubrió los pies de Booz, y se acostó.

Horas más tarde Booz se estremeció, despertó, y dice la Biblia que se viró y vio una mujer acostada a sus pies. ¿Quién eres?, le preguntó. Y ella respondió: Yo soy Rut tu sierva; extiende el borde de tu capa sobre tu sierva, por cuanto eres pariente cercano (3:9).

Hay que estar claros, en esta relación no hubo nada sexual o indebido. Rut entró y en humildad pidió protección bajo la cobertura de Booz, la protección que se encontraba bajo su capa. Cuando le dijo: "eres pariente cercano", esencialmente le estaba diciendo: Tú conoces mi situación. Sabes que estoy sola en el mundo con Noemí, mi suegra, y no puedo protegernos. ¿Me tomarás por esposa y me serás cobertura de protección?

La Biblia dice que Booz le respondió diciendo:

> Bendita seas tú de Jehová, hija mía; has hecho mejor tu postrera bondad que la primera, no yendo en busca de los jóvenes, sean pobres o ricos. Ahora pues, no temas, hija mía; yo haré contigo lo que tú digas, pues toda la gente de mi pueblo sabe que eres mujer virtuosa. Y ahora, aunque es cierto que yo soy pariente cercano, con todo eso hay pariente más cercano que yo. Pasa aquí la noche, y cuando sea de día, si él te redimiere, bien, redímate; mas si él no te quisiere redimir, yo te redimiré, vive Jehová. Descansa, pues, hasta la mañana.
> —Rut 3:10-13

Booz la reconoció y afirmó una vez más y le dijo que cuidaría de ella.

La capa con que Booz se cubría era su tallit. Cuando Rut descubrió sus pies y se cubrió, ¡se estaba colocando bajo los flecos de su tallit!

La autoridad

No tengo espacio aquí para ver con mucha más profundidad a todos los detalles y símbolos del tallit, pero no le haría justicia si no explicara el aspecto más importante. Como ve, aunque es cierto que el tallit también representa la gloria de Dios Shekinah, y nos sirve como recordatorio de los nombres y las promesas de Dios, es importante notar que el color azul predomina en el tallit.

Para los que vivimos en el mundo occidental en el siglo XXI, esto no significa nada. Yo tengo múltiples camisas azules abotonadas, camisetas azules, pantalones azules, vaqueros azules, calcetines azules, corbatas azules. También tengo algunas camisas moradas, corbatas moradas…bueno ya usted se da cuenta. Pero en los tiempos antiguos el azul era un color muy difícil de producir. Es la razón porque a cierto tono de azul se le llama azul real. El morado, o el púrpura también era difícil de hacer, porque después de todo, el púrpura no se puede producir sin el azul y el rojo mezclados. Solamente la realeza podía usar estos colores, ya que eran tan caros de fabricar. Es más, en el año 200 a. C. una libra de tela teñida de azul costaba el equivalente de $36,000, y ya en el 300 d. C. el costo había escalado al equivalente de $96,000. Por tanto, cuando Lucas describe a Lidia en Hechos 16:14 como "vendedora de púrpura", está haciendo una declaración muy conspicua. Está diciendo que Lidia, una recién convertida, también era una de las personas más ricas del imperio.

De cualquier manera, la razón porque esto es importante para nosotros es que el azul es color de autoridad. Cuando nos colocamos bajo el tallit, es una representación física de entrar en ese "abrigo del Altísimo: (Salmo 91:1), pero también es una representación física de envolvernos en la autoridad del sacerdocio real al cual fuimos ordenados cuando le pedimos a Dios que derramara sobre nuestros corazones y nuestras vidas la sangre del cordero. Bajo el tallit, bajo las promesas de Dios, podemos vivir confiados de nuestra autoridad, y seguros de nuestra protección bajo la sombra de sus alas.

EL MISTERIO REVELADO

¿Cuál, pues, es la revelación del misterio del tallit? Ya expliqué que el tallit es un lugar privado para reunirnos con Dios, que es el lugar secreto del Altísimo, que los tzitzits representan a Dios, sus mandamientos, y sus promesas; que el tallit es una manifestación física de la autoridad que encontramos en Dios. Sin embargo, hay algo que aún no he compartido. La palabra *tzitzit* proviene de una raíz que significa "contemplar". Cuando entramos a la cobertura del tallit, entramos a un lugar donde podemos contemplar las promesas de Dios. ¿Cuáles son las promesas de Dios?

En Éxodo 19 Dios recuerda a los israelitas, y a nosotros por extensión:

> Vosotros visteis lo que hice a los egipcios, y cómo os tomé sobre alas de águilas, y os he traído a mí. Ahora, pues, si diereis oído a mi voz, y guardareis mi pacto, vosotros seréis mi especial tesoro sobre todos los pueblos; porque mía es toda la tierra.
>
> —ÉXODO 19:4-5

A la sombra de sus alas, no solo experimentamos su liberación, sino también nuestra propia transformación, para convertirnos en ese especial tesoro que está por ¡encima de todo otro pueblo a los ojos de Dios.

Para concluir, ahora que entendemos mejor ese manto especial que Jesús usaba, y el significado de los flecos de su capa, podemos entender mejor la desesperación de aquella pobre mujer que sufría aquella terrible enfermedad que la hizo sangrar por doce años. ¡Cuán frenética debe haberse sentido para arriesgarse a ser todavía más hostigada, y deslizar su cuero "impuro" a través de la multitud, y en un momento de ardiente anticipación, gritar: ¡Si tocare solamente los flecos de su manto de oración! Si solamente pudiera alcanzar tocar a Jehová Rapha, ¡seré sana!

¿Cuán desesperado está usted? ¿Necesita extender la mano y tocar a Jehová Rapha, el Dios que sana? Quizá necesite un toque especial de Jehová Jireh, el Dios que provee. O la gracia consoladora de Jehová Shalom, el Dios de perfecta paz. Cualquiera que sea su necesidad, esa provisión especial la podrá encontrar bajo la sombra de sus alas.

Capítulo 11

El MISTERIO *del* JÁNUCA

E N EL AÑO 167 a. C. las fuerzas greco-sirias tomaron el templo judío y lo dedicaron a la adoración de Zeus, uno de los dioses griegos. Es fácil entender que el pueblo judío estaba desconsolado, pero el temor a la represalia de las autoridades los mantuvo controlados. Entonces el gobernador Antíoco IV Epífanes decretó que la práctica del judaísmo era un delito capital. Seguido de esto, en una movida tomada directamente de la experiencia de Daniel en Babilonia, el pueblo judío fue obligado a adorar a dioses griegos solamente.[1]

Fue en la aldea de Modi'in que la semilla de la rebelión comenzó a germinar a través del endurecido suelo de la apatía. Fue allí donde los soldados griegos reunieron a los habitantes y los obligaron a postrarse ante un ídolo. Entonces, como quien echa sal sobre una herida abierta, se les obligó a comer la piel de un puerco. La agitación comenzó cuando los soldados ordenaron a Matatías, el sumo sacerdote del lugar, a que se postrara y comiera. No ha de sorprendernos que Matatías se negó, y cuando uno del pueblo se ofreció a participar en su lugar, ¡el sumo sacerdote desenvainó una espada y en un ataque de ira asesinó al soldado y al aldeano indulgente! Los cinco hijos de Matatías junto con los aldeanos fervientes se armaron y mataron al resto de la guarnición en la aldea.

Matatías y su familia huyeron y se escondieron en las montañas, y otros judíos incitados pronto se les unieron. Eventualmente, los revolucionarios, que luego fueron conocidos como los macabeos (o hasmonaitas) lograron recobrar su ciudad, y por fin, ganar el control del templo de Jerusalén. Matatías, quien ya había muerto para este tiempo, había cedido el liderazgo de la rebelión a su tercer hijo, Judá Macabeo (Judá el martillo). Judá ordenó purificar el templo, eregir un nuevo altar en lugar del contaminado altar de Zeus, y hacer nuevos utensilios. Cuando el trabajo terminó y llegó el momento de dedicar el templo, descubrieron que solo quedaba aceite para mantener encendida la menorah por los ocho días, sino solo para uno. El sacerdote la encendió de todas formas, ¡y la llama alumbró los ocho días!

LA EXTRAÑA MENORAH

En los años que siguieron, esta se convirtió en una fiesta principal en la tierra de Israel. Como la palabra *janucha* procede de una palabra que significa "dedicar" encontramos referencias a esta fiesta en muchas Biblias, y no erróneamente, se traduce "el Festival de Luces". Esto es porque de esa celebración (que ocurre en invierno, antes de la Navidad) nació la particular menorah. La menorah tradicional tiene siete ramas e iluminaba el lugar santo donde estaban el propiciatorio y el altar del incienso. En el libro de Apocalipsis, en el Nuevo Testamento, las siete ramas representan las siete iglesias de Asia Menor, al igual que la iglesia a través de los años. Recuerde la explicación que se nos da en el libro de Apocalipsis:

> El misterio de las siete estrellas que has visto en mi diestra, y de los siete candeleros de oro: las siete estrellas son los ángeles de las siete iglesias, y los siete candeleros que has visto, son las siete iglesias.
>
> —APOCALIPSIS 1:20

La tradición de la menorah de nueve ramas viene del milagro de los ocho días más la novena vela misteriosa. Algunos rabinos creen que siete de las ramas representan la menorah tradicional mientras que la octava representa un nuevo comienzo (que históricamente es el significado del número ocho). ¿Cuál es la novena vela? ¿Por qué el cambio? Para responder a esta pregunta tenemos que volver nuestra vista a Jesús.

EL EVANGELIO DE JUAN

La opinión general de los primeros cuatro libros del Nuevo Testamento es que son cuatro perspectivas diferentes de la vida de Jesús. Esto es cierto en su sentido más simple. Sin embargo, muchos cristianos ignoran que mientras Mateo, Marcos, y Lucas (llamados los evangelios sinópticos) son solamente biográficos por naturaleza, el evangelio de Juan fue escrito con una intención especial de enfatizar el hecho de que Jesús era el Mesías esperado. El Mesías era característico del pueblo judío. A causa de la profecía tenía requisitos específicos. El ser judío era de extraordinaria importancia. Es, pues, interesante, notar que Juan enmarcó sus relatos de la historia de Jesús alrededor de un ciclo de fiestas judías. Después del elocuente primer capítulo (que confirma la identidad de Jesús como el Mesías, no solo en su propio texto sino también en el relato de la verificación de Juan el Bautista como el Mesías), el capítulo dos abre con el milagro de las bodas de Caná, lo cual señaló el comienzo oficial del ministerio de Jesús; y luego se mueve a la Fiesta de la Pascua en el versículo 13. Lo que comienza en la Pascua en el capítulo dos, continúa en el capítulo cinco en la Fiesta de Pentecostés, y luego en el siete en la Fiesta de los Tabernáculos, y para nuestros propósitos aquí, prosigue al capítulo diez, a la Fiesta de la Dedicación, o Jánuca.

Lo que intriga de la fiesta de la dedicación en Juan son los eventos del capítulo nueve. Al cerrar el capítulo ocho, Jesús hace esta osada declaración: ¡Antes que Abraham fuese, YO SOY! (Juan 8:58). Después, al abrir el capítulo nueve, leemos:

Al pasar Jesús, vio a un hombre ciego de nacimiento. Y le preguntaron sus discípulos, diciendo: Rabí, ¿quién pecó,

éste o sus padres, para que haya nacido ciego? Respondió
Jesús: No es que pecó éste, ni sus padres, sino para que las
obras de Dios se manifiesten en él. Me es necesario hacer
las obras del que me envió, entre tanto que el día dura;
la noche viene, cuando nadie puede trabajar. Entre tanto
que estoy en el mundo, *luz soy del mundo.*

—JUAN 9:1-5, ÉNFASIS AÑADIDO

En la declaración *anterior* a la sanidad del ciego, Jesús dijo
que él era la *la* luz. Después hizo el lodo y lo puso en los ojos
del hombre, lo mandó a que se lavara en el estanque de Siloé,
y por fin, dice la Biblia que el hombre regresó a su casa viendo
(Juan 9:7).

Este hombre ciego era bien conocido en el pueblo. Lo vemos
en el relato, porque leemos que "los vecinos, y los que antes le
habían visto que era ciego, decían: ¿No es éste el que se sentaba
y mendigaba? (v. 8)". Algunos decían que sí, y otros decían que
no era él. La ambigüedad y la curiosidad acerca de la identidad
del hombre que sanó a este mendigo ciego hicieron que los fariseos del área quisieran investigar el caso.

De no haber sido tan trágica, esa investigación era cómica.
Cuando los fariseos vieron al hombre sanado, ellos pudieron
ver (la broma no es intencional) que este hombre que había sido
ciego (y de nacimiento) ahora estaba sano, y su primera observación fue que había sucedido el sábado. La respuesta de algunos de ellos no fue que un hombre había sido sanado, que
había sucedido un milagro, sino que dijeron: "Ese hombre no
procede de Dios, porque no guarda el día de reposo (v. 9:16).
Otros decían: ¿Cómo puede un hombre pecador hacer estas
señales?" (v. 9:16). La Biblia dice que estaban divididos. (Nota
aparte: ¿no es triste que un milagro maravilloso pueda traer tal
división a hombres aparentemente justos?)

Ahora le preguntan al hombre qué sucedió, y él se los dice
con sencillez. Su respuesta fue...más preguntas. "Entonces

volvieron a decirle al ciego: ¿Qué dices tú del que te abrió los ojos? (v. 17) Y él dijo: Que es profeta" (v. 17). Los fariseos le habían hecho dos preguntas, y él las contestó con sinceridad. Pero usted sabe como son las cosas con los ultrareligiosos, cualquier pregunta que les moleste no es lo suficientemente buena. Entonces llamaron a los padres del hombre. Lea lo que dice cuando llegan los padres.

> Pero los judíos no creían que él había sido ciego, y que había recibido la vista, hasta que llamaron a los padres del que había recibido la vista, y les preguntaron, diciendo: ¿Es éste vuestro hijo, el que vosotros decís que nació ciego? ¿Cómo, pues, ve ahora?
>
> —JUAN 9:18-19

¡Mire la primera oración! Este pobre hombre, que debía estar celebrando el hecho que después de tantos años podía ver, y caminar por los campos y mirar las flores, las aves, los árboles, el agua, estaba enfrentándose a la interrogación de los líderes de la iglesia. Y aunque contestó con fidelidad, sus respuestas estaban en conflicto con las ideas y nociones de qué y cómo el milagro debió haber sido hecho. Por lo tanto, era sospechoso, pues después de todo "ellos no creyeron" (v. 18) que había sido ciego. Llegaron al punto de mandar a buscar a sus padres para interrogarlos. Las respuestas de sus padres esfumó por completo el argumento de los fariseos. Mire lo que ellos responden:

> Sus padres respondieron y les dijeron: Sabemos que éste es nuestro hijo, y que nació ciego; pero cómo vea ahora, no lo sabemos; o quién le haya abierto los ojos, nosotros tampoco lo sabemos; edad tiene, preguntadle a él; él hablará por sí mismo.
>
> —JUAN 9:20-21

La respuesta de estos padres afirma lo que su hijo había dicho anteriormente. Pero mire la verdadera razón por la que respondieron así. En Juan 9:22-23 leemos:

> Esto dijeron sus padres, porque tenían miedo de los judíos, por cuanto los judíos ya habían acordado que si alguno confesase que Jesús era el Mesías, fuera expulsado de la sinagoga. Por eso dijeron sus padres: Edad tiene, preguntadle a él.

Así que ahora, según la ley judía, el testimonio del hombre de que era ciego de nacimiento había sido afirmado irrevocablemente. Y la respuesta de los fariseos fue traer al hombre de nuevo para seguir interrogándolo.

Los fariseos dijeron al hombre: Da gloria a Dios; nosotros sabemos que ese hombre es pecador (v. 24). Aparentemente a los fariseos disidentes los habían silenciado o sacado; o ellos simplemente cambiaron de idea. La frase "da gloria a Dios" es equivalente a cuando nosotros decimos: "Di la verdad, con la ayuda de Dios". Ahora, no olvide lo que acabamos de leer en el versículo 22; confesar que Jesús era el Cristo era suficiente para echar a alguien de la sinagoga, y esto lo dejaba fuera del alcance de la salvación. ¿Qué podía hacer este pobre hombre? Me maravilla que Dios puso en sus labios las palabras perfectas, pues la Biblia dice que él contestó de la siguiente manera:

> Entonces él respondió y dijo: Si es pecador, no lo sé; una cosa sé, que habiendo yo sido ciego, ahora veo.
> —JUAN 9:25

Y esto ya debió haber resuelto el asunto, pero los fariseos continuaron interrogándolo.

Le dijeron: ¿Qué te hizo? ¿Cómo te abrió los ojos? (v. 26). Nótese que estaban haciendo preguntas que ¡ya habían hecho y habían recibido respuesta! ¿Dónde estaba el prototípico abogado de la televisión presentando una protesta? Este pobre hombre, abandonado por sus amigos, y hasta por sus padres, respondió diciendo:

Ya os lo he dicho, y no habéis querido oír; ¿por qué lo queréis oír otra vez? *¿Queréis también vosotros* haceros sus discípulos?

—JUAN 9:27, ÉNFASIS AÑADIDO

Esas palabras, "¿queréis también vosotros?" son poderosas. Este hombre declaró que él estaba echando sus suertes con el Hombre que le había visto en su necesidad y la satisfizo, y no con los fariseos que constantemente le interrogaron y hasta le amenazaron. Pero esta frase también fue su ruina porque los fariseos respondieron gritando que ellos eran discípulos de Moisés, y no sabían ni siquiera de donde era Jesús. El hombre los reprendió y los fariseos lo excomulgaron.

Jesús salva

Dice la historia que Jesús oyó lo sucedido a este pobre hombre y lo buscó. Cuando lo encontró le hizo una simple pregunta: "¿Crees tú en el Hijo de Dios?" (v. 35)

Imagínese, si puede, el peso sobre los hombros de este pobre hombre. ¡Más preguntas! Pero esta no está manchada por acusaciones. Él responde con su propia pregunta: "¿Quién es, Señor, para que crea en él?" (v. 36)

Y Jesús le respondió: Pues le has visto, y el que habla contigo, él es. (v. 37) Jesús afirma con claridad que él es el Mesías. Lea cómo transcurrió la conversación:

Y él dijo: Creo, Señor; y le adoró.

Dijo Jesús: Para juicio he venido yo a este mundo; para que los que no ven, vean, y los que ven, sean cegados.

Entonces algunos de los fariseos que estaban con él, al oír esto, le dijeron: ¿Acaso nosotros somos también ciegos?

Jesús les respondió: Si fuerais ciegos, no tendríais

pecado; mas ahora, porque decís: Vemos, vuestro pecado permanece.

—JUAN 9:38-41

Esta ha sido una presentación larga del escenario, pero el contexto es extremadamente importante. Vea el misterio que Jesús revela en Juan 9:35: "¿Crees tú en el Hijo de Dios?". Jesús entonces aclara el entendimiento del hombre echando sobre él su luz. Todo eso para llegar al momento en Juan 10:22-24, donde se nos dice que Jesús entró al templo por el pórtico de Salomón durante la fiesta de la dedicación, y fue acosado por los judíos que le exigieron: ¿Hasta cuándo nos turbarás el alma? Si tú eres el Cristo, dínoslo abiertamente.

Como un eco de la interrogación del capítulo anterior, Jesús dice (y todavía nos dice hoy):

> Os lo he dicho, y no creéis; las obras que yo hago en nombre de mi Padre, ellas dan testimonio de mí; pero vosotros no creéis, porque no sois de mis ovejas, como os he dicho. Mis ovejas oyen mi voz, y yo las conozco, y me siguen, y yo les doy vida eterna; y no perecerán jamás, ni nadie las arrebatará de mi mano. Mi Padre que me las dio, es mayor que todos, y nadie las puede arrebatar de la mano de mi Padre. Yo y el Padre uno somos.
>
> —JUAN 10:25-30

EL MISTERIO REVELADO

¿Cómo está esta historia relacionada con Jánuca? Recuerde las diferencias entre el menorá tradicional de siete brazos y el menorá de nueve brazos de Jánuca. El menorá (ambas versiones) representa el árbol de la vida. El número ocho representa un nuevo comienzo. Jesús trajo un nuevo pacto a nuestro entendimiento al injertar a los gentiles en la raíz judía. Esa octava vela representa el nuevo pacto, el nuevo comienzo, y la iglesia del "hombre nuevo".

Pero, ¿y la novena vela?

Permítame decirle que la novena vela está situada más alto que las demás, es la primera que se enciende durante Jánuca, y es la que se usa para encender las demás las noches que siguen. Aunque las demás velas se apagan después de un tiempo, la Shamash, por tradición, permanece encendida.

Hoy en día esa vela es conocida como la vela ayudadora. Las ocho velas representan las lámparas que no tenían aceite, pero permanecían encendidas, mientras que la novena es la que las enciende. Esta novena vela es un cuadro del Espíritu Santo. Él es nuestro ayudador. Jesús dijo a sus discípulos que Él se iría, pero que enviaría a otro. Les dijo así:

> Si me amáis, guardad mis mandamientos. Y yo rogaré al Padre, y os dará otro Consolador, para que esté con vosotros para siempre: el Espíritu de verdad, al cual el mundo no puede recibir, *porque no le ve, ni le conoce*; pero vosotros le conocéis, porque mora con vosotros, y estará en vosotros. No os dejaré huérfanos; vendré a vosotros.
>
> —JUAN 14:15-18, ÉNFASIS AÑADIDO

Note el lenguaje usado en la historia del hombre ciego (no digo que haya sido intencional, pero ¿no sería típico de Dios hacer algo así?). ¿Cuál es la importancia de esto? ¿Cómo es esto un misterio revelado? Porque Jesús dijo que el Espíritu Santo vendría a "enseñarnos todas las cosas" (Juan 14:36), que "testificaría" de [Jesús]" (15:26), y que "convencería al mundo de pecado, de justicia, y de juicio" (16:8). Como usted puede ver, ¡nosotros somos las ocho velas! Somos oprimidos por el enemigo. Nuestros cuerpos, que son el templo de Dios han sido profanados por el pecado. ¡Vivimos bajo el asedio del enemigo! ¡Pero tenemos un ayudador, un Shamash, un fuego consumidor! ¡Tenemos al Espíritu Santo!

Hay una verdad en Proverbios 20:27 que nos hace pensar. Lee así:

Lámpara de Jehová es el espíritu del hombre, la cual escudriña lo más profundo del corazón.

Su espíritu, su vida, es lámpara de Dios, su vela. Las velas necesitan fuego. Las velas solo pueden cumplir su propósito con fuego. Recuerde que Juan le dijo al pueblo que se había reunido en el Jordán que él, Juan, no era el Mesías, sino que el Mesías sería mayor, y que cuando viniera ¡iban a experimentar un bautismo con el Espíritu Santo y fuego!

¡Cuánto necesitamos ese fuego; es hora de declarar guerra al enemigo! Es hora de reclamar nuestra nación, nuestras iglesias, nuestras familias, y nuestras vidas. ¿Qué sucede cuando prendemos el fuego? Lea las palabras de David en el Salmo 18:28-42:

Tú encenderás mi lámpara; Jehová mi Dios alumbrará mis tinieblas. Contigo desbarataré ejércitos, y con mi Dios asaltaré muros. En cuanto a Dios, perfecto es su camino, y acrisolada la palabra de Jehová; Escudo es a todos los que en él esperan.

Porque ¿quién es Dios sino sólo Jehová? ¿Y qué roca hay fuera de nuestro Dios? Dios es el que me ciñe de poder, y quien hace perfecto mi camino; quien hace mis pies como de ciervas, y me hace estar firme sobre mis alturas; quien adiestra mis manos para la batalla, para entesar con mis brazos el arco de bronce.

Me diste asimismo el escudo de tu salvación; tu diestra me sustentó, y tu benignidad me ha engrandecido. Ensanchaste mis pasos debajo de mí, y mis pies no han resbalado.

Perseguí a mis enemigos, y los alcancé, y no volví hasta acabarlos. Los herí de modo que no se levantasen; cayeron debajo de mis pies. Pues me ceñiste de fuerzas para la pelea; has humillado a mis enemigos debajo de mí. Has hecho que mis enemigos me vuelvan las espaldas, para que yo destruya a los que me aborrecen. Clamaron, y no hubo quien salvase; aun a Jehová, pero no los oyó. Y los molí como polvo delante del viento; los eché fuera como lodo de las calles.

Es hora de limpiar y purificar el templo de nuestras vidas y rededicarlo al servicio del Señor. ¡Pero una vez que lo hagamos necesitamos que venga el Ayudador a nuestras vidas con su fuego santo! Pues la victoria ganada en la cruz del Calvario puede ser implementada en nuestra vida diaria a través del fuego del Shamash, nuestro Ayudador, ¡el fuego de la novena vela!

Capítulo 12

El MISTERIO de CRISTO

L A PRIMERA VEZ que escuché la canción de Jared Anderson, *Cuento con Dios*, algo se estremeció dentro de mí. Había algo discordante en la yuxtaposición de las palabras *"milagro"* y *"misterio"*. Algunos pueden llamarlo buena composición, pero a mí me trajo a la mente la carta de Pablo a Timoteo, su hijo en la fe.

Pablo estaba desesperado por ver a Timoteo y tenía las mejores intenciones de visitarlo pronto. Sin embargo, Pablo estaba interesado, si el viaje se demorara, de que Timoteo recibiera la instrucción que él quería darle. En 1 Timoteo 3:15-16 le escribe:

> Para que si tardo, sepas cómo debes conducirte en la casa de Dios, que es la iglesia del Dios viviente, columna y baluarte de la verdad. E indiscutiblemente, grande es el misterio de la piedad: Dios fue manifestado en carne, justificado en el Espíritu, visto de los ángeles, predicado a los gentiles, creído en el mundo, recibido arriba en gloria.

El sustantivo *"misterio"* lo encontramos veintiséis veces en el Nuevo Testamento. De ellas, el apóstol Pablo lo usa veintiuna. Esta palabra vino a nuestro idioma directo de la palabra griega *misterion*. Sus raíces están en una palabra que significa "cerrar los labios". En los días de Pablo era la palabra que se usaba para describir la religión misteriosa cuyos secretos eran revelados solo a los devotos que eran iniciados. Esta secta falsa primitiva con la que Pablo luchaba enseñaba que al unirse a ella se podrían aprender secretos profundos. Esta secta, que se conoce como Gnosticismo, creía que la salvación se obtenía adquiriendo más y más conocimiento y experiencias.

LA MAQUINARIA DE LOS MISTERIOS

Pablo batalló con el predecesor de esta secta en Corinto. Es por eso que la iglesia de Corinto buscaba con tanta desesperación el extático don de las lenguas. Después de todo, en la forma de pensar de los corintios (y tristemente en la forma de pensar de muchos cristianos hoy), si uno tenía un don extático, tenía garantizada una posición superior, gracias a la "revelación especial" recibida. Este grupo, o al menos esta mentalidad, todavía la vemos hoy. Tiene muchos nombres, y siempre busca una verdad escondida y más profunda. Pablo usó la palabra *misterio* para ponerla en contraste con los misterios oscuros de la religión pagana. A diferencia de los misterios paganos, que se mantienen escondidos y son revelados solamente según uno progresa a través de los rangos, Dios revela sus misterios a todo aquel que cree.

Veamos como Pablo usa esta palabra para llamar la atención a la iglesia del primer siglo. En I Corintios 4:1 se le llama a los pastores "administradores de los misterios de Dios". En Colosenses 4:3-4 Pablo pide oraciones "para que el Señor nos abra puerta para la palabra, a fin de dar a conocer el misterio de Cristo...para que lo manifieste [el misterio] como debo hablar". En Efesios 1:9 Pablo dice que Dios le había dado a conocer "el misterio de su voluntad, según su beneplácito, el cual se había propuesto en sí mismo". También usando con claridad el lenguaje pagano, en Colosenses 2:2-3 expresa su esperanza de que "sean consolados sus corazones, unidos en amor, hasta alcanzar todas las riquezas de pleno entendimiento, a fin de conocer el misterio de Dios el Padre, y de Cristo, *en quien están escondidos todos los tesoros de la sabiduría y del conocimiento*" (énfasis añadido).

En un evidente contraste con el vudú, el conocimiento

especial, los ritos secretos, las enseñanzas masónicas, la cienciología, y otros, nuestro mensaje, el misterio de Cristo y los misterios de Dios no solamente han de protegerse, sino tienen que proclamarse. Es un privilegio glorioso poder mostrar estos misterios. La Palabra de Dios nos lleva a los tiempos prehistóricos en el consejo de la eternidad. En Efesios 1 vemos que el misterio de Dios está directamente relacionado con nuestra salvación. Pablo dijo que "En él asimismo tuvimos herencia, habiendo sido predestinados conforme al propósito del que hace todas las cosas según el designio de su voluntad, a fin de que seamos para alabanza de su gloria, nosotros los que primeramente esperábamos en Cristo".

Pero "el milagro de Cristo en mi es el misterio que me hace libre". ¿Cuál es ese misterio y por qué es tan importante?

EL MILAGRO DE CRISTO

En 1 Timoteo encontramos un antiguo himno de alabanza. Ese pasaje declara que el gran misterio fue revelado al venir Dios en carne, en la persona de Jesús. En capítulos anteriores ya hemos mencionado que Jesús no cumplió con las expectativas, no solo de los líderes religiosos de su día, sino de la idea general del Mesías. Muy pocos esperaban que el Señor viniera como lo hizo. Los judíos, en su gran mayoría, estaban esperando un rey terrenal. El mundo grecorromano estaba esperando la intervención de Zeus y su fuerte poder.

La venida de Cristo sorprendió al mundo. Nacer de una virgen, en un establo, en una aldea llamada Belén, de padres humildes (y paternidad dudosa), no era lo que esperaban. Los judíos estaban mirando a Jerusalén entre los poderosos, mientras que los romanos habían declarado que su dios era César.

Pero la persona de Dios podía verse en el rostro de un bebé acunado en Belén. En la carne de Jesús de Nazaret, el Dios de todas las edades exhibió su deidad. Desde la cuna hasta la cruz

Jesús sorprendió a todos a quienes encontraba. A pesar de que se mantuvo fiel a la religión de su pueblo, no era religioso sino espiritual. A pesar de tener toda autoridad para llamar legiones de ángeles y aún barrer con la humanidad y toda su existencia, y comenzar de nuevo el proceso, era dulce. Era firme y amoroso. Era humano y divino. Era la vida, pero fue ejecutado sobre una cruz por nuestros pecados. Él es el Dios-hombre.

Un dios que muere no era extraño en las mitologías del mundo antiguo, pero Dios, muriendo para salvar su creación, era algo que nunca habían oído. ¡Qué maravillosa sorpresa para el mundo fue conocer este misterio velado por tanto tiempo!: Que Dios ama, cuida, *y sufre* por su pueblo. C.S. Lewis escribió muchos libros en defensa del cristianismo. Por muchos años fue un incrédulo que había ridiculizado a Cristo, pero se convirtió y escribió un libro acerca de su conversión llamado *Cautivado por la alegría*. Es cierto, todavía es una maravillosa sorpresa descubrir a Jesús.

Pero el misterio es también sobrenatural. Hay quienes niegan la verdad sobrenatural de nuestra fe, pero Cristo, su vida, y su ministerio estaban rodeados de lo sobrenatural. El Espíritu Santo era prominente en la vida terrenal de Jesús aún desde antes de nacer. Al ser concebido el Espíritu Santo entró al vientre de María e impregnó a aquella joven virgen de manera sobrenatural, concibiendo en su vientre al unigénito hijo de Dios, que fue, por tanto, totalmente humano pero totalmente Dios.

El Espíritu Santo

El Espíritu Santo descendió sobre Jesús al ser bautizado, y la Escritura declara que Jesús fue lleno del Espíritu. Yo creo también que el Espíritu Santo estaba obrando en la vida de Jesús antes que eso. Vemos que a la edad de doce años, antes de ser considerado "hombre" según su cultura, se sentó en el templo y enseñó a los fariseos. Al responder al regaño de su madre dijo: ¿No sabíais que en los negocios de mi Padre me es necesario estar? (Lucas 2:49). Pero fue en aquel momento cuando, al ser bautizado en aguas públicamente, que el Espíritu bautizó a Jesús y le dio el poder para realizar el ministerio a que Dios le había llamado, lleno del Espíritu Santo. Jesús comenzó su ministerio con estas palabras de Isaías 61:1: "El espíritu del Señor está sobre mí".

Los ángeles

El milagro de Jesús también fue atestiguado por los ángeles. A voz de trompetas anunciaron su nacimiento a los pastores en los campos de Belén. Al ser tentado, Jesús sostuvo una guerra con Satanás, y al terminar, los ángeles le ministraron. En Getsemaní, cuando los discípulos dormían y la presión del inminente sufrimiento sobrecogió su cuerpo de tal forma que las venas en su frente se rompieron y comenzó a sudar sangre, los ángeles vinieron y le ministraron fortaleza. En el Calvario setenta y dos mil ángeles estaban presentes, desenvainadas sus espadas, prestos para a rescatarle a su deseo, pero él no los llamó. Los ángeles presidieron sobre la tumba vacía declarando: No está aquí, pues ha resucitado, como dijo (Mateo 28:6). Al ascender a los cielos los ángeles dijeron: ¿por qué estáis mirando al cielo? Este mismo Jesús, que ha sido tomado de vosotros al cielo, así vendrá como le habéis visto ir al cielo (Hechos 1:11). Sus ángeles lo cuidaban.

La salvación

Antes de ascender Jesús dio la Gran Comisión, y ordenó que se predicara el evangelio a todas las naciones, y que hicieran discípulos en todos los pueblos. Nosotros tenemos que declarar esta revelación de Cristo, este divino misterio, a nuestro mundo. Y tanto los métodos como los requisitos para declarar el mensaje todavía sorprenden al mundo. El mensaje debe ser predicado, y el requisito para recibir la salvación, es creer.

Cuando vemos hoy que algunos todavía se sorprenden al oír que una persona es salva por la fe, lo que tenemos que entender es que para muchos el misterio de Cristo es solo eso: un misterio. No pueden (o no quieren) comprender que la salvación pueda venir de otro lugar que no sea nuestras buenas obras. Dicen: "Pero yo soy una buena persona", "yo voy a la iglesia", "yo reciclo", "yo doy comida a los desamparados", "yo manejo un automóvil eléctrico" (y no estoy bromeando acerca de esta última). Esto lo dicen para defender su bondad y para apoyar las razones que les hacen "buenos" y van de camino al cielo.

La salvación viene cuando creemos en Cristo y le entregamos nuestras vidas para el tiempo y la eternidad. No es nuestras obras, nuestra presunta bondad, nuestro linaje familiar, ni ninguna otra cosa lo que nos salva. Es solamente el milagro de "Cristo en vosotros" (Colosenses 1:27) lo que salva.

El misterio revelado

Hace muchos años había un programa en la televisión que se llamaba *Tengo un secreto*. En este programa un invitado susurraba un secreto al presentador, que entonces daba al panel la oportunidad de adivinar el secreto. Dios no juega *Tengo un secreto* con nosotros. Cada vez que se usa la palabra *misterio* en el Nuevo Testamento, siempre se refiere a Dios revelando una verdad. Los misterios de Dios son secretos abiertos. Habiendo dicho esto, el milagro de Cristo en usted es este: El Espíritu de aquel que levantó de los muertos a Jesús mora en vosotros (Romanos 8:11). Sí, si usted es cristiano, ¡el mismo Espíritu que levantó a Cristo de entre los muertos vive en usted ahora! Veamos lo que esto significa.

Igual que Dios dio el Espíritu Santo para capacitar a Jesús para hacer la obra que Dios le había llamado a hacer, Dios también le dará a usted el Espíritu Santo para capacitarle para hacer la obra que Dios le ha llamado a hacer. Igual que Dios envió ángeles para ministrar a Jesús durante sus momentos más difíciles,

Dios enviará a sus ángeles para ministrarle a usted en tiempos de tribulación, dolor, y angustia. Igual que Dios ha provisto salvación por el derramamiento de la sangre de Jesús, usted puede participar libremente de esa salvación sin preocuparse de que sus buenas obras no sean lo suficientemente buenas para alcanzarla.

Hace años el misionero David Morse estaba tratando de compartir el evangelio con un hindú llamado Rambhau. El pobre hombre no podía entender cómo Dios podía salvarle sin obras. Rambhau le dijo a Morse que iba a caminar de rodillas a Delhi para demostrar su amor por Dios. Aunque el hombre no estaba de acuerdo con el misionero, aun así le amaba, y le ofreció su posesión más preciada: una perla de gran tamaño que su propio hijo había obtenido. El hindú le explicó que su hijo se había ahogado mientras buceaba buscando perlas, y que cuando sacaron el cuerpo del agua la mano del muchacho estaba cerrada apretando la extraordinaria gema.

David Morse le dijo: "No puedo tomarla, pero se la compro".

"Se la quiero dar. Mi hijo murió por ella y no tiene precio", le respondió el hombre.

El misionero le contestó: "¿No puede ver que usted ha insultado a Dios tratando de trabajar para ganar su salvación? ¡Su hijo Jesús murió para darle su regalo más preciado!".[1]

No le sorprenda este misterio de que Dios ha dado a su Hijo para salvarle. Sí, el milagro de "Cristo en vosotros" es, de hecho, el misterio que nos hace libres, a usted y a mí.

Capítulo 13

El MISTERIO *de los* MAGOS

NTRE LAS MUCHAS glorias de la Navidad están los misteriosos extraños llamados los sabios. Es mucho el misterio que les rodea, pero hemos sido anestesiados, y lo que es peor, tenemos el cerebro lavado acerca de estos peregrinos que viajaron desde el este en búsqueda del recién nacido Rey. Sé que suena duro, pero pregúntese usted esto: ¿Cuántos sabios estaban presentes en el nacimiento de Jesús? Tres, ¿verdad? Esa debe ser fácil. Después de todo son tres las figuras que se ven en casi todas las escenas navideñas, exhibiciones, o representaciones en Navidad, bien sea en el nacimiento bajo el árbol de Navidad, en el césped al frente de su casa, o en los pasillos del santuario de su iglesia.

La verdadera respuesta a la pregunta es, cero. En un momento diré por qué, pero ni siquiera sabemos cuántos sabios había en total. Lo que sí sabemos, sin embargo, es que no estaban con Jesús en el pesebre. No estaban en el establo en Belén.

Pero, ¿quiénes eran? La palabra en el Nuevo Testamento es *magos*, que significa "mago" (un científico del oriente) pero que generalmente implicaba magia. Es precisamente de aquí que recibimos la palabra *mago*. Pero el texto muestra con claridad que estos hombres eran antiguos intérpretes de las estrellas que combinaban la astronomía primitiva con la astrología.

Estamos casi seguros que venían de Media, que es el Irán moderno. En la historia de los medos está la palabra *magos* que llegó a significar "comandante". Bajo el reinado de Ciro, encontramos que se les menciona originalmente como sacerdotes-comandantes. Es muy probable que fuesen seguidores o sacerdotes de la religión del zoroastrismo.

Lo interesante aquí es que estos hombres consideraban el libro de Daniel como santo y estaban muy familiarizados con sus profecías. Habiendo visto esto, tenemos que hacernos preguntas serias. Específicamente, ¿Qué era la estrella de Belén? ¿Simplemente tuvieron suerte los magos? Sobre todo, ¿eran estos hombres parte de alguna secta oculta?

LA ESTRELLA

Suena bien en la historia, y cabe bien en una canción, pero cuando pensamos en realidad en la "estrella de Belén", es extraño en muchos niveles. Científicamente sería fácil echar a un lado la aparición de la luz de una estrella en el cielo nocturno como portentosa, porque cualquier aparición hubiera sido causada por un evento sucedido mucho antes que pudiéramos verlo nosotros. Sin embargo, como algo sobrenatural, nosotros afirmamos que Dios puede hacer cualquier cosa. Pero todo esto a un lado, quedan las preguntas mayores: ¿Por qué una estrella? ¿Es siquiera bíblico? ¿Hay mención en el Antiguo Testamento de una estrella en cualquier tipo de profecía mesiánica, o en relación con el nacimiento de Jesús?

La respuesta es: Sí. Vea Números 24:17:

> Lo veré, mas no ahora; lo miraré, mas no de cerca; saldrá ESTRELLA de Jacob, y se levantará cetro de Israel, y herirá las sienes de Moab, y destruirá a todos los hijos de Set.

Hay una fuerte tradición judía que dice que una estrella aparecerá cuando venga el Mesías esperado. Es más, en el término de un siglo del ministerio, muerte y resurrección de Jesús, se levantó un hombre llamado Simeon Bar Kokhba, quien dirigió una revuelta llamada la revuelta de Bar Kokhba. Hasta el momento de su muerte, muchos creyeron que era el Mesías. Su nombre popular, que dio nombre a la revuelta, significa "hijo de una estrella".

Pero esto huele un poco a la adoración de las estrellas o la astrología. ¿Da algún crédito la Biblia a mensajes que vienen de una estrella? La respuesta, aunque sorprendente para muchos, estoy seguro, es un resonante, ¡sí! Tanto el Antiguo como el Nuevo Testamento hablan de testimonio de la vasta creación de Dios. Mire la primera mención de una estrella en Génesis 1:14-15:

> Dijo luego Dios: Haya lumbreras en la expansión de los cielos para separar el día de la noche; y *sirvan de señales para las estaciones*, para días y años, y sean por lumbreras en la expansión de los cielos para alumbrar sobre la tierra. Y fue así.
>
> —ÉNFASIS AÑADIDO

¡Las estrellas son señales! No son solamente esferas masivas y luminosas de plasma sostenidas por la gravedad. Son puntos específicos del segundo cielo, puestas ahí intencionalmente por el Creador de todas las cosas. En el Salmo 147:4 leemos que "Él cuenta el número de las estrellas; a todas ellas llama por sus nombres."

El zodiaco

Antes de seguir, debo tomar un momento para defenderme de antemano contra aquellos que dicen, o piensan, que estoy respaldando la astrología, o la lectura o uso de los horóscopos. No es cierto. Me mantengo firme con lo que la Biblia enseña acerca de estas cosas. Por ejemplo, en Deuteronomio 18:10-11 dice:

> No sea hallado en ti quien haga pasar a su hijo o a su hija por el fuego, ni quien practique adivinación, ni agorero, ni sortílego, ni hechicero, ni encantador, ni adivino, ni mago, ni quien consulte a los muertos.

Y más adelante, en Isaías 47:13-14:

Te has fatigado en tus muchos consejos. Comparezcan ahora y te defiendan los contempladores de los cielos, los que observan las estrellas, los que cuentan los meses, para pronosticar lo que vendrá sobre ti. He aquí que serán como tamo; fuego los quemará, no salvarán sus vidas del poder de la llama; no quedará brasa para calentarse, ni lumbre a la cual se sienten.

Sin embargo, los nombres de las constelaciones antedatan la astrología oculta. Es más, sus nombres están en las Escrituras. El libro de Job y el libro de Amós mencionan las constelaciones de Pléyades y Orión; hay referencias en la Biblia hebrea de la Ursa Mayor y la totalidad de Mazzaroth. La palabra *mazzaroth* fue creada para describir lo que hoy conocemos como el Círculo del zodiaco, pero su significado original es "camino". Los nombres de estas estrellas y constelaciones datan hasta 5 000 a. C., y Flavio Josefo, Tolomeo, y otros historiadores y astrónomos antiguos apoyan su uso como historia circular.

LAS ESTRELLAS Y EL EVANGELIO

Los creacionistas usan a menudo el Salmo 19:1 como base para sus argumentos, y de hecho me parece válido. Sin embargo, cuando se lee la primera sección del salmo en su totalidad, se revela una fascinante declaración:

> Los cielos cuentan la gloria de Dios, y el firmamento anuncia la obra de sus manos. Un día emite palabra a otro día, y una noche a otra noche declara sabiduría. No hay lenguaje, ni palabras, ni es oída su voz. Por toda la tierra salió su voz, y hasta el extremo del mundo sus palabras. En ellos puso tabernáculo para el sol; Y éste, como esposo que sale de su tálamo, se alegra cual gigante para correr el camino. De un extremo de los cielos es su salida, y su curso hasta el término de ellos; y nada hay que se esconda de su calor.
>
> —SALMO 19:1-6

¡Qué pasaje tan estremecedor! David dice que la misma tela de la creación cuenta la historia que declara la obra de Dios. Aún en el contexto del evangelismo de Pablo se declara esta verdad. Recuerde sus palabras en Romanos 10:17. Pablo escribió: Así que la fe es por el oír, y el oír, por la palabra de Dios. Recuerde que esto no solo tiene que ver con la evangelización de aquellos que no han oído del evangelio. Pablo está hablando específicamente acerca de Israel y su relación con la profecía mesiánica y la verdad. Pablo había preguntado en el versículo 14:

¿Cómo, pues, invocarán a aquel en el cual no han creído? ¿Y cómo creerán en aquel de quien no han oído? ¿Y cómo oirán sin haber quien les predique?

Pero luego hace una pregunta retórica en el versículo 18:

Pero digo: ¿No han oído? Antes bien, por toda la tierra ha salido la voz de ellos, y hasta los fines de la tierra sus palabras.

Pablo dice que Israel, y todos por extensión, no tiene excusa porque la verdad de Dios está escrita en las estrellas.

No voy a profundizar mucho en esto, pero ha habido estudios fascinantes acerca de las historias que cuentan las constelaciones. Usted encontrará una lista de ellos en la bibliografía, pero esta es la versión corta: si comienza con la constelación Virgo, y sigue el círculo hasta la constelación Leo, verá una compleja profecía antigua acerca de la venida del Mesías y de la vida de Jesús.

LA ESTRELLA DE BELÉN

Así que está claro que por generaciones Dios ha usado las estrellas como señal, pero en este capítulo nos vamos a concentrar en una estrella, y en particular los hombres que la siguieron.

Es difícil saber con seguridad la verdadera naturaleza de este fenómeno, pero hay algunas teorías interesantes.

Algunos estudiosos piensan que pudo haber sido un cometa, pues tradicionalmente el cometa era un objeto celeste que conectaban a sucesos importantes como el nacimiento de un rey. Origen, padre primitivo de la iglesia propuso que podía haber sido un *sui-hsing*, o "estrella escoba". Pero ni este ni ningún otro registro de apariciones de cometas se conectan con el tiempo del nacimiento de Jesús.

Se ha hablado también de la posibilidad de que no haya sido una estrella sino una conjunción, o conglomeración de planetas en el cielo nocturno. El problema es que no importa lo brillante que pueda parecer una conjunción, sobre todo en un mundo pretecnológico, no hubiera podido durar el tiempo necesario para que el registro de la Escritura fuera correcto.

Algunos dicen que una estrella en explosión, o supernova, fue la verdadera estrella de la Navidad. Una supernova puede producir una cantidad extraordinaria de luz, pero de nuevo, los hechos históricos no indican la existencia de una supernova en el tiempo del nacimiento de Jesús.

Aún otros creen que la luz celestial no fue una estrella sino una luz sobrenatural que solo los magos podían ver. Yo no acepto tal teoría, pues cuando los magos hablaron con el rey Herodes y le dijeron: "Su estrella hemos visto en el oriente" (Mateo 2:22), ni Herodes, ni sus sacerdotes, ni sus escribas negaron la existencia de la estrella.

¿Qué era entonces?

Estoy convencido de que la estrella de Belén fue una estrella real que apareció en la constelación Virgo antes del nacimiento de Jesús y continuó brillando por unos siete años. El evangelio apócrifo de Santiago, escrito por el hermano de Jesús, y los escritos de Ignacio, obispo del primer siglo describen la estrella como deslumbrante. Ignacio dice que "opacaba todas las luces celestes y el sol y la luna le hacían reverencia".[1]

EN POS DE LA LUZ

Me maravilla que estos sabios—gentiles, paganos—fueron los únicos que pudieron discernir las señales de su tiempo de las páginas de la escritura judía. Su conocimiento de las Escrituras era limitado, sin embargo, en medio de sus tinieblas, la pequeña luz que poseían los llevó a emprender una jornada donde descubrirían al Dios hecho carne en el pesebre, el precioso niño llamado Jesús.

Tan a menudo escucho a gente decir que les sería más fácil creer en Dios si solo Dios les diera una señal. Entonces pienso en estos magos. Ellos recibieron una señal, un pequeño rayo de luz, un pequeño pasaje de lo que era para ellos el texto de un pueblo extranjero que adoraba a un Dios extraño, una promesa de Daniel de cuatrocientos años.

> Setenta semanas están determinadas sobre tu pueblo y sobre tu santa ciudad, para terminar la prevaricación, y poner fin al pecado, y expiar la iniquidad, para traer la justicia perdurable, y sellar la visión y la profecía, y ungir al Santo de los santos. Sabe, pues, y entiende, que desde la salida de la orden para restaurar y edificar a Jerusalén hasta el Mesías Príncipe, habrá siete semanas, y sesenta y dos semanas; se volverá a edificar la plaza y el muro en tiempos angustiosos. Y después de las sesenta y dos semanas se quitará la vida al Mesías, mas no por sí; y el pueblo de un príncipe que ha de venir destruirá la ciudad y el santuario; y su fin será con inundación, y hasta el fin de la guerra durarán las devastaciones.
>
> —DANIEL 9:24-26

Como usted verá, Daniel era importante para estos hombres. Recuerde que Daniel fue hecho gobernante de toda la provincia de Babilonia, y era el administrador principal de todos los sabios de Babilonia. Daniel fue, de muchas maneras, uno de los antecesores prácticos de estos hombres.

Además de la profecía que señalaba un tiempo en el que el Mesías, "el príncipe", el gobernador aparecería, otra cosa importante que notar aquí es que cuando ellos aparecieron ante Herodes, dijeron algo interesante:

> ¿Dónde está el rey de los judíos, que ha nacido? Porque su estrella hemos visto en el oriente, y venimos a adorarle.
>
> —MATEO 2:2

Parece que no había duda en sus mentes de que la estrella que había aparecido en Virgo era "la" estrella de "Él"; que era un evento celestial especial que proclamaba el nacimiento de un Rey.

SABIOS MODELOS A IMITAR

Hay algunas cosas importantes a notar acerca de estos viajeros que vinieron buscando a un rey. Primero, miremos cómo se les describe. Mateo 2:1 dice que eran sabios "del oriente". Esta frase viene de la palabra griega *anatole*. Esta hermosa palabra significa "la salida del sol". Ellos vinieron del alba. Su visita marcó la llegada de un nuevo día.

Segundo, ellos tenían un espíritu de fe. Ya mencionamos que Pablo estableció el hecho de que la fe viene por el oír y el oír de la Palabra de Dios. La Biblia pone bien en claro que la fe es un regalo de Dios, y estos hombres la tenían en abundancia. Su fe hizo que no tuvieran temor de salir en una jornada a una tierra lejana, dejando su hogar y su familia; una jornada a la que llevaron valiosos tesoros, y arriesgaron no solo sus vidas, sino también las de los que iban en su caravana.

Tercero, note cómo estos hombres estaban dispuestos a salir de su zona de comodidad. No puede reiterarse lo suficiente que estos hombres practicaban una religión totalmente diferente. Tenían diferencias culturales, religiosas, y familiares de aquellos que iban a ver. Dejaron la tierra de su rey (probablemente Arsaces XXV) para encontrar a otro rey. ¿Cuán dispuesto estaría usted a salir en busca de un rey basándose en un versículo escrito hace cuatrocientos años?

Además, me parece maravilloso que estos hombres no tuvieran temor alguno en hacer preguntas. Recuerde que cuando llegaron a Jerusalén pidieron una audiencia con Herodes (algo que no es fácil, y eso nos habla de su prominencia y riqueza). Habían ido tan lejos como podían con la evidencia que tenían, y ahora necesitaban más información. ¡Estaban buscando! ¡Eran curiosos!

Antes de alejarme de este punto quisiera hacer una observación más. Estos sabios se acercaron al hombre llamado "rey" para poder encontrar al Rey a causa de quien habían viajado de tan lejos. Conocemos lo que sucedió después de ese encuentro, pero me parece señal de misericordia que Dios haya dado a Herodes la oportunidad de hacer lo correcto. Pero en vez de aferrarse a la misericordia de Dios, Herodes trató de usar a los sabios para descubrir la identidad del supuesto impostor y matarle. ¡Qué triste cuando Dios nos da una revelación y nos negamos a verla!

Cuando Herodes no los pudo ayudar, los sabios demostraron estar dispuestos a ser guiados por Dios. Lea Mateo 2:9:

> Ellos, habiendo oído al rey, se fueron; y he aquí la estrella que habían visto en el oriente iba delante de ellos, hasta que llegando, se detuvo sobre donde estaba el niño.

Reconozco que hasta aquí la estrella podía haber sido algo milagroso y no un fenómeno físico. Sin embargo, la cuestión es que estos hombres no tuvieron temor de expresar su gozo. Lea la descripción que da Mateo de ese primer encuentro:

> Y al ver la estrella, se regocijaron con muy grande gozo. Y al entrar en la casa, vieron al niño con su madre María,

y postrándose, lo adoraron; y abriendo sus tesoros, le
ofrecieron presentes: oro, incienso y mirra.

—MATEO 2:10-11

POSTRADOS EN ADORACIÓN

Las imágenes y hasta las palabras aquí son suficientemente importantes como para quedarnos aquí por un rato.

Note algunas frases importantes. Primero, "se regocijaron
con muy grande gozo". En la forma más simple con que pueda
describirlo, la Biblia dice que estos hombres actuaron como actúan los más ávidos fanáticos en un campeonato de la copa
mundial cuando su equipo gana. Danzaron y cantaron "con ve-
hemencia" por su descubrimiento. Eso es lo que la frase "muy
grande" significa.

Estos hombres gritaban, temblaban, cantaban, y era una
sobreabundancia que podían contener. No solo su gozo era
"grande" sino "muy". ¿Qué significa esto? La palabra griega es
megas. Su gozo no era normal, como el gozo diario. Estos hombres sabios, al descubrir a Jesús ¡sintieron un *mega* gozo!

Luego, note que "postrándose, lo adoraron". Primero, deje
que la imagen penetre. Ellos habían viajado miles de kilómetros y ahora, finalmente, habían encontrado el objeto de su búsqueda. Allí, en un pequeño hogar, sobre las rodillas de una
madre virginal, estaba un niño de un año. Y se postraron ante
él, y le adoraron.

Ahora, para todos mis hermanos y hermanas en Cristo
conservadores, que no aceptan insensateces, y piensan que lo
que hacemos en Abba's House es tonto y no tiene base bíblica
porque, ¿por qué va a querer Dios que alguien caiga al suelo durante un servicio? Quiero que tome nota: esta frase indica que
cuando cayeron, la caída fue totalmente involuntaria.

Es la misma palabra, y en el mismo sentido que se usa en los
siguientes pasajes:

Cualquiera, pues, que me oye estas palabras, y las hace, le compararé a un hombre prudente, que edificó su casa sobre la roca. Descendió lluvia, y vinieron ríos, y soplaron vientos, y golpearon contra aquella casa; y no cayó, porque estaba fundada sobre la roca. Pero cualquiera que me oye estas palabras y no las hace, le compararé a un hombre insensato, que edificó su casa sobre la arena; y descendió lluvia, y vinieron ríos, y soplaron vientos, y dieron con ímpetu contra aquella casa; y cayó, y fue grande su ruina.

—MATEO 7:24-27

Y:

Pero en aquellos días, después de aquella tribulación, el sol se oscurecerá, y la luna no dará su resplandor, y las estrellas caerán del cielo, y las potencias que están en los cielos serán conmovidas.

—MARCOS 13:24-25

Y:

O aquellos dieciocho sobre los cuales cayó la torre en Siloé, y los mató, ¿pensáis que eran más culpables que todos los hombres que habitan en Jerusalén?

—LUCAS 13:4

Hay tantos otros lugares en que se usa la palabra. En griego es *pípto*, o *péto*. Significa una caída involuntaria; una caída que no se puede evitar. ¿Estaban estos hombres caídos en el Espíritu? Parece que sí. Habían encontrado al Rey. ¡Qué cuadro tan asombroso, el ver a aquellos hombres, poderosos y fuertes, humillándose en adoración ante el Rey Jesús!

Finalmente, mire cómo adoraron. La palabra que se usa aquí es una que ya hemos mencionado en otros lugares. *Proskunéo*, y significa "besar, hacer reverencia", o "primer beso". Se usaba para los amantes, pero también para mostrar una mascota que lame los pies y las manos de su amo. Aquí estaban tres grandes hombres, postrándose para besar los pies de un niño pequeño. ¡Qué asombroso!

También dice la Biblia que los hombres "abriendo sus tesoros" (Mateo 2:11). La palabra *tesoro* procede del griego *tesauro*. Significa "riquezas". No voy a entrar en técnicas pero todos los verbos y participios en este pasaje están en el tiempo aoristo, que significa que abrir los tesoros era para los magos una acción eficaz, eficiente, y única. Sin embargo, aunque fue un evento singular, su efecto permaneció a lo largo de toda la vida de Jesús (o posiblemente más).

Los regalos hablaban de la misma naturaleza, vida, y propósito de Jesús. Los magos le dieron oro, que hablaba de que Jesús era el Rey. El incienso que le dieron se usaba en los ritos religiosos, y su aroma se decía que representaba la vida. Por tanto, el incienso representaba la presencia de Jesús. Por último, la mirra representaba su crucifixión y muerte. La mirra se usaba para ungir los cuerpos muertos para el sepelio.

El misterio revelado

Hay tanto que desempacar en la vida de estos hombres. Me maravilla todavía que aunque su apariencia vagamente se lleva la mitad de un corto capítulo en un evangelio, tengan tanto que enseñarnos acerca de la vida cristiana.

Primero, el entender que Dios habla a través de su creación. Sé que esto se menciona en el Salmo 19, pero el saber que el Dios que lo creó todo, que haya tomado tiempo para poner luces en el cielo que por miles de años testifiquen, no solo de lo que Él iba a hacer, sino de lo que ha hecho, es algo maravilloso. A falta de una mejor forma de explicarlo, ¿por qué Él, se tomó el tiempo para hacer algo así? ¡Debe amarnos tanto a usted y a mí!

También me provoca a humildad la fe de estos magos. Pero más, la fe que Dios puso en ellos no es nada comparado con lo que está dispuesto a hacer en usted y en mí. Cuando pienso en estos hombres, y veo cómo su historia demuestra que gracias al nacimiento de Jesús hay esperanza para un nuevo día, que yo también puedo tener hambre de un Dios vivo, un corazón que anhele la aventura de la fe, y sobre todo, puedo tener la humildad de recibir el cambio que Jesús quiere obrar en mi vida. Lo más importante, es que la vida de estos hombres habla no solo de cómo *debo* sino como *adoro* a mi Rey. La verdadera adoración no retiene nada. Los magos dieron de forma extravagante. ¡Nosotros debiéramos hacerlo también! Su adoración fue guiada por la fe en la Palabra de Dios. ¡La nuestra debe ser igual! Su adoración era persistente. ¡Igual debemos ser nosotros! Su adoración era gozosa y no se conformaron con menos que ver y conocer a Jesús. ¡Nosotros no debemos conformarnos con menos! Sí, el verdadero misterio de los magos, estos hombres sabios, estos sacerdotes-comandantes, es que sus vidas, vidas de paganos que no sabían nada de Cristo excepto que era el rey prometido, nos muestran que Dios en verdad no quiere que nadie se pierda, y Él se revelará a sí mismo a cualquiera, aún aquellos fuera de la promesa, que con diligencia le busquen.

Capítulo 14

El MISTERIO *de la* TUMBA VACÍA

S I EXISTE UN lugar de piedras que clama más alto que cualquier otro lugar en la faz de la tierra es ese pequeño lugar en las afueras del pórtico de Damasco, detrás del peñasco con forma de calavera llamado Calvario. A solo un tiro de piedra del peñasco está la tumba vacía. Sin exagerar, es la bisagra de la historia. Se dice de dos lugares que aseguran ser el lugar del entierro de Jesús. Uno es la Iglesia del Santo Sepulcro, y el otro es el Jardín de la Tumba. Yo estoy plenamente convencido que el lugar auténtico es el Jardín de la Tumba.

La iglesia posapostólica conocía muy bien la localización de la tumba de Jesús. En 333 d. C., un peregrino de Bordeaux, Francia, escribió: "Cuando uno pasa por la puerta de Neapolis (el pórtico de Damasco) a la izquierda en la pequeña loma, se encuentra el Gólgota donde Jesús fue crucificado, y como a un tiro de piedra de allí está la bóveda donde pusieron su cuerpo y de donde resucitó al tercer día".[1] Este es el preciso lugar del Jardín de la Tumba, y lo que se conoce como el Calvario de Gordon. Sabemos por las Escrituras que la cruz y la tumba estaban cerca una de la otra. Juan 19:42 nos dice: Allí, pues, por causa de la preparación de la pascua de los judíos, y porque aquel sepulcro estaba cerca, pusieron a Jesús.

El Calvario está en el monte Moriah donde la montaña ha sido dividida en dos como una cantera. De manera extraña el acantilado, situado cerca de la cueva de Jeremías, tiene apariencia de una calavera. Los musulmanes habían convertido esta área en un depósito de basura, pero a finales del siglo

XIX, el Mayor General Charles George Gordon excavó el área y encontró lo que luego se llamó el Jardín de la Tumba.[2] Tiene algunas pruebas peculiares:

- No se encontraron huesos humanos en el área.
- Hay una ranura para que ruede una piedra.
- Hay una "cruz de sostén" en la pared exterior.
- Las letras griega alfa y omega están talladas en el lugar.
- Está muy cerca del monte de la Calavera (el Calvario).

Ahora vayamos a un relato de la vida y muerte de Jesús y exploremos el misterio de la tumba.

¿ESTABA VACÍA LA TUMBA EN REALIDAD?

Lo maravilloso es que el nacimiento, la vida, el ministerio, la muerte, y hasta la resurrección de Jesús están profetizados en la Biblia. En el Salmo 16:10 leemos:

> Porque no dejarás mi alma en el Seol, ni permitirás que tu santo vea corrupción.

Esto ratifica la misma naturaleza de la resurrección.

La gran prueba de la de la resurrección de Jesucristo es la evidencia de los mismos relatos. Estos se mantienen firmes frente al escrutinio crítico más severo. Para comenzar, hay cuatro relatos independientes, y estos no fueron fabricados en complicidad, porque de haber sido así, no tuvieran las aparentes contradicciones que tienen, como el número de ángeles junto a la tumba, el número de mujeres que fueron al jardín, la hora de su llegada, y otros puntos. Los relatos pueden armonizar, pero estas aparentes discrepancias hubieran sido eliminadas si los escritores se hubieran confabulado para inventar una historia. Por otra parte, es también aparente que no inventaron la historia por separado porque, de haberlo hecho, nunca hubiera habido la gran cantidad de concordancias que poseen. Por tanto, el escenario y los personajes son los mismos, la secuencia de los eventos tiene sentido, etc. Por tanto, si los relatos no fueron inventados en confabulación ni por separado, la única posibilidad que queda es que no fueron inventados, punto. Son, simplemente, cuatro recuentos independientes y verdaderos hechos por hombres que sabían lo que estaban escribiendo.

El sello roto

Es difícil para nosotros no relegar algunos de estos hechos a "verdades de películas". O sea, algunos aspectos de los relatos tienen un parecido a los descargos de responsabilidad de algunas llamadas películas de drama histórico. Usted las conoce, dicen cosas como:

> Esta historia se basa en eventos actuales. En algunos casos, los personajes y el tiempo han sido cambiados para efectos de drama. Algunos personajes pueden ser alterados o totalmente ficticios.

El sello romano que aseguraba la tumba ha sido objeto de escrutinio por mucho tiempo. Pero lo que debemos recordar es que ese Jesús fue un personaje muy controversial, y ya antes de ser arrestado estaban circulando los rumores de que Él iba a reclamar la resurrección. Así que no nos tome de sorpresa leer en Mateo 27:62-66:

> Al día siguiente, que es después de la preparación, se reunieron los principales sacerdotes y los fariseos ante Pilato, diciendo: Señor, nos acordamos que aquel engañador dijo, viviendo aún: Después de tres días resucitaré. Manda, pues, que se asegure el sepulcro hasta el tercer día, no sea que vengan sus discípulos de noche, y lo hurten, y digan al pueblo: Resucitó de entre los muertos. Y será el postrer

error peor que el primero. Y Pilato les dijo: Ahí tenéis una guardia; id, aseguradlo como sabéis. Entonces ellos fueron y aseguraron el sepulcro, sellando la piedra y poniendo la guardia.

Imaginémonos la escena. Los guardias están de pie ante la tumba y la piedra ha sido sellada. Según el historiador Justino en su Tratado 49, era un crimen capital romper un sello romano. ¿No parece racional guardar la tumba y sellarla para con anticipación negar cualquier historia acerca de la resurrección de Jesús, sin que los que están en el poder se aseguren que el cuerpo está en la tumba? Además, ¿cuál de los acobardados discípulos piensa usted que se hubiera acercado a la tumba con los guardias presentes, y arriesgarse la vida, por temor a ser acusado de alterar el sello romano? Con esto en mente, es un hecho que el cuerpo de Jesús estaba asegurado en la tumba antes de cubrirla con la piedra.

La gran piedra

Pero la piedra fue rodada. En Marcos 16 leemos que las mujeres, María Magdalena, María, la madre de Santiago, y Salomé traían especias para ungir el cuerpo de Jesús. "Pero dijeron entre sí: ¿Quién nos removerá la piedra de la entrada del sepulcro?" (v.3). Aquí es evidente que las mujeres no sabían del sello ni de los guardias. Pero en el versículo cuatro del mismo capítulo leemos estas maravillosas palabras: "Pero cuando miraron, vieron removida la piedra, que era muy grande".

Sí, la piedra era grande. Si usamos el Jardín de la Tumba como guía, tenemos que considerar el tamaño de la entrada. La apertura es lo suficientemente grande como para entrar sin agacharse, y hubiera sido preciso una piedra de cinco a seis pies en diámetro (1.52-1.82 m) para taparla. La concavidad delante de la apertura, que estaba tallada en la roca, tenía una hendidura en la entrada y es como un pie (30 cm) de ancho. Una piedra capaz de caber en este lugar tenía que pesar entre una y media a dos toneladas, y se hubieran necesitado varios hombres muy fuertes, y un tiempo considerable para quitarla.

La condición de la tumba

Considere también la falta de *corpus dilecti* (prueba de crimen), y que las ropas que encontraron estaban sin trocar (vea el capítulo acerca del manto sagrado de Turín).

El cambio de discípulos

En los capítulos finales de los evangelios vemos un grupo de hombres tan acobardados como los peores cobardes que jamás habitaron la tierra. Están destruidos. Pedro, que había desenvainado su espada en el Huerto de Getsemaní, y había cortado la oreja de uno de los criados del sumo sacerdote, para huir como un cobarde (al punto de maldecir a una joven sierva, y negar haber oído jamás de Jesús) cuando Jesús lo reprendió, decidió simplemente volver a la pesca. Pero en 50 cortos días estos hombres fueron transformados de cobardes, huyendo atemorizados, a osados proclamadores que habían visto con sus propios ojos al Cristo resucitado. Su cambio fue tan profundo, la verdad que desataban al mundo era tan profunda, que estaban dispuestos a morir por ella.

LA CONVERSIÓN DE SANTIAGO

Aquí me voy a detener, porque para mí esta prueba pesa más que uno puede leer acerca de la iglesia del primer siglo. María, la madre de Jesús tuvo más hijos. No estamos seguros de cuántos, pero los evangelios dicen con claridad que Jesús tuvo otros hermanos. El más famoso de todos es Santiago, que luego se convirtiera en el líder de la iglesia de Jerusalén.

Lea la notable introducción de la carta de Santiago en el Nuevo Testamento:

Santiago, siervo de Dios y del Señor Jesucristo, a las doce tribus que están en la dispersión: Salud.

El lenguaje aquí es bonito, pero pierde algo, pienso yo, en nuestro entender coloquial. Santiago no dijo ser un "siervo" como lo entendemos nosotros, sino "esclavo" de Dios y del Señor Jesucristo.

Para mí es tan sorprendente que Santiago nunca jugó con genealogía. A menudo vemos en la iglesia personas que andan sobre los talones de su posición familiar en un cuerpo local. Peor todavía son aquellos que asumen tener la salvación asegurada solo porque sus abuelas iban a la iglesia cada vez que se abrían las puertas, y con frecuencia los llevaban. Déjeme decirle, amigo, ¡Dios no tiene nietos!

Santiago no hace nada de esto. En un sentido humano hubiera sido fácil y hasta prudente comenzar la carta recordando a sus lectores que él era hermano de Jesús. Pero no lo hace. En 1 Corintios 15:6-7 encontramos la única deferencia a Santiago, donde leemos:

> Después apareció a más de quinientos hermanos a la vez, de los cuales muchos viven aún, y otros ya duermen. Después apareció a Jacobo; después a todos los apóstoles.

Este es el único lugar donde Santiago es señalado, y es en el contexto de la defensa de Pablo de la verdad de la tumba vacía.

Otra nota importante es que a veces Santiago era conocido como "rodilla de camello", porque su ferviente dedicación a la oración le causó callos en las rodillas. Y fue este Santiago quien, guiado por el Espíritu Santo, nos trajo la famosa frase "la oración eficaz del justo puede mucho" (Santiago 5:16). Santiago cambió en gran manera por la tumba vacía.

EL MISTERIO REVELADO

Todo esto es importante, pero dondequiera que se encuentre la tumba vacía, en la Iglesia del Santo Sepulcro o en el Jardín de la Tumba, lo más importante que tenemos que aprender es esto: ¡la tumba está vacía!

El famoso educador e historiador Thomas Arnold dijo que la resurrección de Jesucristo es el dato histórico más autenticado.[3] Escribiendo bajo el nombre de Frank Morison, Albert Henry Ross se propuso desmentir la resurrección de Cristo. Al final, este brillante abogado se convirtió y escribió el clásico libro *¿Quién movió la piedra?*[4] En una carta al Rev. E.L. Macassey, el distinguido jurista británico Sir Edward Clark escribió:

> Como abogado, he estudiado a profundidad las pruebas de los eventos del primer Día de la Resurrección. Para mí, la evidencia es conclusa, y una y otra vez he logrado fallos en tribunales superiores, basado en pruebas que no son tan convincentes. La inferencia sigue la evidencia, y un testigo sincero siempre es tosco y desdeña el efecto. Así es la evidencia de evangelio a favor de la resurrección, y como abogado la acepto sin reservas como el testimonio de hombres, a hechos que lo pueden corroborar.[5]

Lew Wallace buscó desmentir la resurrección de Cristo y se convirtió con tal convicción que fue movido a escribir la magnífica obra *Ben-Hur*. John Masefield, en el drama *El juicio de Jesús*, presenta a Longino, un centurión romano hablando con la esposa de Poncio Pilato acerca de los detalles de la muerte de Jesús. Ella le pregunta: "¿Crees que está muerto?". El centurión contesta: "No señora, no lo creo". La esposa de Pilato continúa: "¿Dónde está entonces?". A esto, el soldado responde: "Suelto por el mundo, señora, donde ningún hombre, romano o judío, puede detener su verdad".[6] John Warwick Montgomery de la Escuela de Derecho Dean Simon Greenleaf dijo:

Sobrepasa el vínculo de la credibilidad que los cristianos primitivos inventaran tal cuento y luego predicarlo entre los que fácilmente pudieran haberles refutado con solo *producir el cuerpo.*[7]

—ÉNFASIS AÑADIDO

Cualquiera que desatienda el hecho de la resurrección no ha empezado a lidiar con la vida.

El Dr. R.W. White, uno de los grandes oradores cristianos, habló de un hombre chino, brillante que asistió a un servicio que White dirigía. El joven pidió un Nuevo Testamento, que por supuesto le fue dado. Más adelante confesó a Cristo y dio este emocionante testimonio:

Me llevé el Nuevo Testamento a casa. Me senté en el suelo y lo leí en su totalidad antes de hacer más nada. He leído los escritos de Confuso, queriendo satisfacer mi hambre. Toqué la puerta, pero no hubo respuesta porque Confuso había muerto. Leí el mensaje del budismo buscando aquello que mi alma tan profundamente anhelaba. Toqué a la puerta de Buda, pero no hallé respuesta pues Buda estaba muerto. Leí el Corán. Mi alma anhelaba encontrar ahí la paz. Toqué y nadie respondió porque Mohamad estaba muerto. Leí los escritos de los grandes patriotas y líderes religiosos del pasado. Toqué y nadie me respondió. Mientras leía este Nuevo Testamento aprendí que decía que el autor estaba vivo. Toqué en esa puerta y encontré al Cristo vivo. Él vino a mi alma. Aquí mi alma hambrienta encontró paz, la paz que tanto había anhelado.[8]

Quizá usted se crió en una iglesia, o nunca ha sido parte de una iglesia; quizá la duda ha sido sembrada en usted; quizá nunca a la verdad ha creído que Cristo está vivo. Oro porque comprenda que no estoy hablando de un mito o una fábula. La respuesta, mi amigo, el misterio revelado, es que Jesucristo es Señor, ¡y la tumba vacía lo prueba! El mismo Jesús que salió de la tumba ha hecho posible que "el Espíritu de aquel que levantó de los muertos a Jesús mora en vosotros, el que levantó de los muertos a Cristo Jesús vivificará también vuestros cuerpos mortales por su Espíritu que mora en vosotros" (Romanos 8:11).

Capítulo 15

El MISTERIO *del* MANTO SAGRADO *de* TURÍN

E N TURÍN, ITALIA, hay guardado en una pequeña capilla detrás del altar, en la Catedral de San Juan Bautista, una antiguo sudario. Mide catorce pies con tres pulgadas por tres pies con siete pulgadas (4.3 m x 1.12 m). La tela está manchada de un color ámbar que refleja la imagen de un hombre adulto que ha sido crucificado. Hay marcas en la figura como de un látigo romano, igual que marcas en los tobillos y las muñecas. También hay lo que parece ser heridas congruentes con una corona de espinas apretada sobre la frente.[1]

Hay quienes dicen que el manto es una astuta obra de arte. Otros dicen que es la genuina sábana del sepelio de Jesucristo. Por mucho tiempo el mayor argumento contra su veracidad fue la prueba de datación por carbono 14 hecha, que determinó que el manto era un artículo del siglo catorce.[2] Su historia ha probado que era más antigua aún. Se ha descubierto que las fibras que habían sido examinadas originalmente eran de un espacio de tres pulgadas (7.62 cm) cerca de un área que había sido dañada durante un fuego en 1532.[3]

UNA BREVE HISTORIA

El manto salió a la superficie alrededor del tiempo de la crucifixión, muerte, y resurrección de Jesús. El rey sirio Abgar V el Negro (o Abgar V de Edesa) fue, según la tradición, uno de los primeros reyes cristianos de la historia, habiéndose convertido como fruto del evangelismo del apóstol Tadeo de Edesa (quien se cree haya sido uno de los setenta y dos discípulos que el Señor enviara en Lucas 10:1). Se dice que fue sanado cuando vio la imagen de Cristo en una sábana traída de Jerusalén. Allá por el año 57 d. C. su hijo se convirtió en gobernante de Edesa (ciudad localizada cerca del límite sureste de Turquía, conocida hoy como Urfa), y fue entonces que la sábana desapareció de la historia por casi cinco siglos.

Más adelante, por el 944 d. C. el ejército romano conquistador exigió el manto, posiblemente como precio por la paz. Fue llevado entonces, de Edesa, Turquía, a Constantinopla (Estambul). Hay pruebas históricas de que el manto estuvo en exhibición en Constantinopla durante los primeros años del siglo doce.

A principios del 1204, el manto fue sacado de la ciudad, presuntamente por los cruzados; dice la tradición que cayó en manos de un grupo de monjes guerreros llamados los Caballeros del Temple. Hay evidencia, reporta Ian Wilson, que el Marqués Bonifacio de Montferrat fue quien condujo el ataque a la capilla en Constantinopla donde estaba el manto, y se lo llevó a su amigo Otto de la Roche en Atenas, Grecia. Fue él quien lo dio a los Caballeros del Temple.[4]

En 1307, los Caballeros del Temple fueron acusados de idolatría por adorar la imagen en una sábana. Ellos tenían reuniones nocturnas donde adoraban y besaban la imagen de Cristo. Para protegerla, se cree que los caballeros la llevaron a Francia.[5]

La iglesia acusó a los Caballeros del Temple de idolatría. Muchos fueron juzgados y algunos de sus líderes fueron quemados vivos, entre ellos Geoffrey de Charney, uno de sus preceptores. Se cree que el manto fue entonces entregado a un pariente, un caballero francés también llamado Geoffrey de Charney, que lo exhibió en 1353. El joven Charney fue asesinado el 19 de septiembre de 1356. Su nieta vendió el manto al Duque de Saboya en 1452.[6] En 1464, el manto fue llevado a Chambéry, Francia y sufrió daños en un fuego en 1532.[7] Tiene una gota de plata derretida en una esquina y los huecos que se ven en el manto fueron hechos en 1534.[8] Desde el 1578 hasta ahora el manto ha estado en Turín, Italia.[9]

El otro manto

No se oye mucho acerca de la segunda sábana que se encontró en la tumba vacía de Jesús, la que cubría su cabeza. En Juan 20:7 leemos:

> Y el sudario, que había estado sobre la cabeza de Jesús, no puesto con los lienzos, sino enrollado en un lugar aparte.

A partir del 570 d. C. hay cuentos y relatos de otra sábana, llamada el Sudario de Oviedo. Según el obispo Pelaguo, este sudario facial fue llevado de Jerusalén en 614 d. C. Hay investigaciones que muestran que con la ayuda de cierto tipo de luz y equipos científicos, puede verse una imagen impresa en él.[10] Este es el misterio: Tanto el manto como el sudario están manchados de sangre tipo AB, y cuando el sudario se sobrepone sobre el manto, las imágenes coinciden.

EL CUERPO EN EL MANTO

Para comprender las circunstancias alrededor del manto de Turín y su importancia, tenemos que ir primero a las páginas de la Escritura. En Juan 19:39-40 leemos:

> También Nicodemo, el que antes había visitado a Jesús de noche, vino trayendo un compuesto de mirra y de áloes, como cien libras. Tomaron, pues, el cuerpo de Jesús, y lo envolvieron en lienzos con especias aromáticas, según es costumbre sepultar entre los judíos.

Aquí tenemos la primera referencia acerca de la posibilidad de la existencia de un manto. ¿Cuál es la posibilidad de que el manto de Turín sea el mismo que cubrió el cuerpo de Jesús? El Dr. Robert J. Bucklin, patólogo forense, con más de cincuenta años de experiencia, usó las más moderna tecnología médica para realizar una "autopsia" del cuerpo reflejado en el manto. Sus descubrimientos fueron espeluznantes.[11]

Antes de ver algunos de los detalles más prominentes, comencemos con una descripción más general. Según Bucklin, el cuerpo en el manto era un hombre adulto, 71 pulgadas (180.34 cm) de la corona al calcañal, y ciento setenta y cinco libras (78.38 kg) de peso. La persona estaba bien desarrollada y bien alimentada. El cuerpo parece haber permanecido en estado de rigor, como lo muestra la inflexibilidad general, así como algunas alteraciones específicas en la apariencia de las extremidades inferiores por el aspecto posterior. El difunto tenía el cabello largo, recogido en cola de caballo o trenza, y una barba corta.[12]

Ahora, veamos el primer hallazgo digno de mencionarse. En la parte de frente de la imagen, hay un círculo de perforaciones en el cuero cabelludo, mientras que la vista dorsal muestra que estas heridas se extienden alrededor de la porción occipital del cuero cabelludo en la forma de una corona o una peluca. Fue emitida sangre hacia el pelo y la piel de la frente, fluyendo hacia abajo por el frente y por detrás. Hay una marcada abrasión en la nariz, y la mejilla derecha está visiblemente hinchada cuando se compara con la izquierda.[13]

Hay una mancha grande de sangre sobre la región pectoral derecha. Al investigar más a fondo se nota la presencia de dos tipos de líquidos. Uno sangre, y otro que parece agua. Esta herida, a diferencia de las demás, tiene las características de haber sido causada por un fluir post mórtem de sangre, de un órgano o cavidad corporal. En la parte superior del flujo hay una marca oval en la piel, característica de una herida causada por la penetración de un objeto perforador afilado. Además, hay un aumento en el diámetro anteroposterior del pecho causado por una expansión bilateral.[14]

El abdomen es plano, y los brazos fueron cruzados sobre

la parte media y baja del abdomen. Al inspeccionar con más cuidado los brazos, antebrazos, manos, y muñecas, se nota que la mano izquierda (que está cruzada sobre la derecha) tiene una herida de perforación distintiva, con dos riachuelos salientes, ambos procedentes de una fuente central, y separados por unos diez grados aproximadamente. Los flujos son horizontales y no pueden haber sido causados con los brazos en la posición post mórtem. Los cálculos indican que los brazos tenían que haber estado extendidos hacia arriba en un ángulo de sesenta a sesenta y cinco grados de la posición horizontal. El flujo de la sangre se mueve hacia adentro desde las muñecas hacia los codos en ambos brazos. El examen de los dedos indica la impresión de solo cuatro dedos, y el pulgar no muy obvio. Esto sugiere que ha habido algún daño al nervio, lo que hubiera resultado en la flexión del pulgar hacia adentro hacia la palma.[15]

La impresión de la pierna derecha es más notable que la izquierda. Esto indica que, al momento de la muerte, la pierna izquierda debió haber sido rotada de tal manera que la planta del pie izquierdo descansaba sobre la superficie ventral del pie derecho. Esta posición se mantuvo después que el rigor surgió. En el centro de la huella del pie derecho, se nota un defecto claro de una herida de penetración. Esta herida es congruente con un objeto que penetra el pie, y según la posición de los pies, se concluye que el mismo objeto penetró ambos pies después que el izquierdo fue puesto sobre el derecho.[16]

El examen de la imagen dorsal muestra una serie de lesiones traumáticas que se extienden de los hombros a zona lumbar, el trasero, y las piernas. Estas imágenes están divididas y parece que fueran hechas por un objeto a manera de látigo, dejando impresiones en forma de pesas en la piel que hicieron que brotara sangre. La dirección de las lesiones es de lateral a medio, y luego hacia abajo, lo que sugiere que alguien detrás del individuo aplicó el latigazo. En la paleta del hombro (omóplato) hay evidencia de abrasión de la superficie de la piel. Estas heridas son congruentes con un objeto pesado, como un poste de madera descansando sobre el omóplato y rozando contra la piel.[17]

La traducción de Ron Phillips

He traído una gran cantidad de texto forense para hacerle saber, en parte, que no estoy inventando nada de esto. Pero sé que puede ser confuso, así que permítame traducir los resultados.

Según Bucklin, hubo un hombre, de aproximadamente setenta y una pulgadas (180.34 cm) de alto y ciento setenta y cinco libras (78.38 kg) de peso, que fue golpeado con puños y varas en la cara y en el cuerpo, y con un látigo abierto desde la espalda hasta las piernas. Algún tipo de aro o corona hecha con un material con púas fue puesto en su cabeza y ajustado a golpes en su lugar. Una viga pesada fue puesta sobre sus hombros, y fue obligado a cargarla mientras caminaba.

En algún momento fue puesto en una posición con los brazos extendidos, aproximadamente unos sesenta y cinco grados, y algún objeto fue forzado a través de sus manos de tal manera que causó daños severos al nervio intermedio. Sus piernas fueron juntadas y los pies puestos uno sobre el otro, y una herida de punción adicional fue hecha, y el objeto que la hizo traspasó ambos pies. El hombre colgó suspendido por horas, y usaba sus pies para levantarse y tomar bocanadas de aire hasta desplomarse del dolor que esto causaba a sus pies.

En algún momento, gracias a la misericordia, el hombre murió. Después de muerto, le hicieron una herida en el costado del pecho. Algún tipo de cuchilla penetró entre o debajo de las costillas que hizo salir el líquido que se había estado acumulando en la cavidad del pecho.

Esto es lo que sabemos por seguro del hombre envuelto en el manto de Turín. Pero, ¿fue ese hombre, Jesús?

LA BIBLIA EN EL MANTO

¿Es posible que el hombre del manto sea Jesús? Compare los resultados del patólogo forense con los recuentos bíblicos.

Golpeado

Los que sabemos de los múltiples recuentos bíblicos es que Jesús fue golpeado. Desde el momento de su arresto en Getsemaní, y su última apariencia ante Pilato, fue golpeado con puños y varas de madera. In Marcos 14:65 dice:

> Y algunos comenzaron a escupirle, y a cubrirle el rostro y a darle de puñetazos, y a decirle: Profetiza. Y los alguaciles le daban de bofetadas.

Y en Lucas 23:11:

> Entonces Herodes con sus soldados le menospreció y escarneció, vistiéndole de una ropa espléndida; y volvió a enviarle a Pilato.

Así que aquí está Jesús, aun antes de ser acusado de nada, siendo tratado con desprecio y abuso físico.

Azotado

El capítulo diecinueve de Juan abre así: Así que, entonces tomó Pilato a Jesús, y le azotó. En Mateo 27:26 leemos: Entonces les soltó a Barrabás; y habiendo azotado a Jesús, le entregó para ser crucificado. Dice la tradición que Jesús fue azotado noventa y nueve veces. La película *La pasión del Cristo* muestra una golpeadura y un azote brutal que parecen haber durado un tiempo intolerable.

Aunque la Biblia no menciona explícitamente cuantos latigazos recibió Jesús, si dice con claridad que fue flagelado. La palabra griega para *flagelar* es *mastigóo*, que cuando se traduce al latín es *flagrum*. El instrumento usado para este castigo era un látigo regular que tenía de dos o tres y hasta nueve (pocas veces más) tiras. Otros materiales duros, como pedazos de barro roto, eran amarrados a lo largo de estas tiras tenían unas pesas a las que a menudo le amarraban anzuelos pequeños. Eso causaría diferentes tipos de heridas al mismo tiempo. El peso de las pesas de metal causarían moretones profundos mientras que los pequeñísimos anzuelos cortaban la piel. La piel del látigo actuaba como actúan los cinturones, dejando un verdugón, y los pedazos de barro cortaban también el área flagelada.

Las heridas en el cuero cabelludo

Luego de soportar la golpeadura, los latigazos, y la parodia de un juicio, Jesús sufrió una humillación todavía peor. En Mateo 27 leemos que después de ser flagelado lo trajeron, y "los soldados del gobernador llevaron a Jesús al pretorio, y reunieron alrededor de él a toda la compañía; y desnudándole, le echaron encima un manto de escarlata, y pusieron sobre su cabeza una corona tejida de espinas, y una caña en su mano derecha; e hincando la rodilla delante de él, le escarnecían, diciendo: ¡Salve, Rey de los judíos! Y escupiéndole, tomaban la caña y le golpeaban en la cabeza" (v. 27-30).

La corona de espinas que le colocaron no fue simplemente puesta en la cabeza. La caña que le habían dado por burla "como a rey", se la quitaron, y la usaron para, a golpes, enterrar en la frente la corona.

Las heridas en los hombros

En Juan 19:17 leemos que "cargando su cruz, salió al lugar llamado de la Calavera, y en hebreo, Gólgota". En casi toda descripción de esta escena, en las grandes obras de arte, Jesús se ve cargando con la cruz entera. Lo más probable es que esto no es correcto. Además del hecho de que la cruz completa hubiera pesado más de trescientas cincuenta libras (158.75 km), lo cual hubiera hecho imposible que un hombre que había sido golpeado y flagelado hubiera podido cargar, la historia nos dice otra cosa. Probablemente Jesús cargó la viga horizontal, o el *ptibulum* de la cruz. Aun así todavía esto no es algo fácil, pues la viga probablemente pesaba entre ochenta (36.29 kg) y ciento cincuenta (68.03 kg) libras.

Además, los brazos del condenado eran atados a la cruz como cruel presagio de lo que estaba por venir. Esto era para causar mayor humillación y sufrimiento, pues el hombre no tenía forma de agarrarse si se caía. Y de hecho, dice la tradición que Jesús se cayó tres veces en camino al Calvario (aunque estos relatos no están en las Escrituras).

Consideremos además la distancia que Jesús hubiera viajado cargando esta pesada carga. Aunque hay alguna discrepancia en cuanto a donde comenzó la jornada, la distancia más corta que posiblemente haya caminado es media milla (804 m). Yo sé que la gente todavía camina esa distancia por placer y ejercicio varias veces al día, así que estoy de acuerdo que no parece ser mucho. De hecho Jesús caminó a todas partes durante su ministerio. Sin embargo, al considerar la distancia, no podemos atrevernos a olvidar que la jornada estaba siendo realizada por un hombre que llevaba por lo menos veinticuatro horas sin dormir, había sufrido una noche dolorosa en oración, y esa misma mañana ya había sufrido múltiples palizas severas y una devastadora flagelación.

Finalmente debemos considerar la hora del día y la estación cuando Jesús cargó la cruz al Calvario. Sí, fue temprano en la mañana, pero no tan temprano como para que las calles estuvieran vacías. A tal escenario añadimos la ola de comentarios que se levantó cuando surgió la noticia de que este hombre, que había sanado a tantos, que había alimentado a miles, y hasta había resucitado muertos, había sido condenado e iba a ser ejecutado. Las calles estaban llenas de gente que miraba asombrados.

Y así tenemos un cuadro más claro de Jesús, cargando su *patibulum* ciento cincuenta libras (68.03 kg), sus brazos extendidos por toda su longitud, tropezando en medio de una ciudad llena de gente hacia el lugar de su ejecución. El peso de la carga apretando contra los músculos de sus hombros dejó las marcas que se ven en el manto.

Pies y manos perforados

Cuando Jesús fue puesto en la cruz, le atravesaron clavos en las manos y pies. En Juan 20:25-27 leemos:

> Le dijeron, pues, los otros discípulos: Al Señor hemos visto.
>
> Él [Tomás] les dijo: Si no viere en sus manos la señal de los clavos, y metiere mi dedo en el lugar de los clavos, y metiere mi mano en su costado, no creeré.
>
> Ocho días después, estaban otra vez sus discípulos dentro, y con ellos Tomás. Llegó Jesús, estando las puertas cerradas, y se puso en medio y les dijo: Paz a vosotros.
>
> Luego dijo a Tomás: Pon aquí tu dedo, y mira mis manos; y acerca tu mano, y métela en mi costado; y no seas incrédulo, sino creyente.
>
> —COMENTARIO DEL AUTOR EN CORCHETE

Las heridas de Jesús fueron causadas por clavos que medían aproximadamente entre cinco y siete pulgadas (12.7-17.78 cm). Fueron clavados a través de las muñecas hasta adentro de la madera de la viga. Estos clavos, de nuevo, clavados a través de la muñeca, hubieran causado una destrucción masiva al nervio intermedio de la muñeca, y hubiera causado que la mano quedara inmóvil haciendo un puño. Las heridas de los pies eran de clavos similares, pero más largos, clavados a través de los pies hacia el reposapiés llamado *supedáneo*.

La herida del costado

Era la costumbre, para apurar la muerte del condenado, quebrarle las piernas. Esto no dejaba que el moribundo levantara el cuerpo para poder respirar. La Biblia dice que cuando el soldado se acercó a Jesús se dio cuenta que ya estaba muerto. La Biblia dice en Juan 19:32-34:

> Vinieron, pues, los soldados, y quebraron las piernas al primero, y asimismo al otro que había sido crucificado con él. Mas cuando llegaron a Jesús, como le vieron ya muerto, no le quebraron las piernas. Pero uno de los soldados le abrió el costado con una lanza, y al instante salió sangre y agua.

Todo esto es congruente con los descubrimientos de Bucklin.

CÓMO APARECIÓ LA IMAGEN

Ha habido muchas teorías en cuanto al proceso por el cual la imagen, cualquiera que sea, fue grabada. Sin embargo, al probar estos modelos, todos fallan.

La ciencia dice que la imagen no pudo haber sido causada por la descomposición. Esto es fácil de entender, puesto que no hay imagen visible en los forros de los ataúdes. Además, sabemos de cualquiera que haya sido la forma en que el cuerpo abandonó el manto, la tela misma quedó inalterada. Sabemos que está manchado con sangre tipo AB, pero parece haber atravesado la tela del manto.

Desde 1978 el STURP (Shroud of Turin Research Project [Proyecto de Investigación del Manto de Turín], muchos de cuyos miembros son ateos y agnósticos; todos científicos, ninguno predicador ni evangelista), ha producido interesantes resultados. Se ha determinado que es imposible todo proceso de ADN del manto, pues la sangre se ha contaminado en gran manera con las lágrimas derramadas sobre él a través de los siglos. Pero un polen en particular es causa de interrogante. El profesor Avinoam Danim, botánico de la Universidad Hebrea de Jerusalén, "ha confirmado que de los cientos de patrones florales de la sábana (manto), 28 son de especies de flores que todavía se dan en Israel, 70 por ciento de ellas en un área de 10 kilómetros cuadrados

(6.21 m) entre Jerusalén, y Jericó. Al menos una, la zygophyllum (dumosum), una clase de planta rodadora del desierto (en realidad un arbusto), crece solo en Israel y partes del Jordán y el Sinaí igual que hace 2000 años en el tiempo de Jesús".[18]

Muchos de estos polens, afirma Danim, vienen de flores que han sido consistentes con ciertas prácticas judías de sepelio de poner alrededor de la cabeza del difunto una corona de flores. Además, la mayoría de las especies identificadas eran usadas medicinalmente para preservar el cuerpo.

Danim también dice que de las veintiocho especies de flores identificadas en el manto, el 96 por ciento de ellas crecen entre Jerusalén y las cuevas de Qumrán. Cuando añadimos a la ecuación el área del sur del mar Muerto, pueden encontrarse el 100 por ciento de las especies. Danim continúa: "No puedo decir con certeza que este es el manto de Jesús, pero estas pruebas apoyan la probabilidad de que es genuino, y no hay duda que viene de la tierra de Israel".[19]

Finalmente, quiero quedarme un tiempo más en esto del polen para tomar nota de una flor en particular. La *capperis aegyptia* es una flor peculiar, ya que solo abre y deja manar el polen entre las tres y las cuatro de la tarde entre los meses de enero y abril.

Pruebas fotográficas

Es importante notar que aunque a través de los siglos se ha creído que el manto ha sido la sábana del sepelio de Jesús, la imagen que hemos asociado con Él no era visible en la forma que la entendemos. Puesto de forma sencilla, la imagen del hombre que vemos hoy no fue visible antes de mayo de 1898. Mientras que el manto estuvo en exhibición en Turín, un fotógrafo *amateur* llamado Secondo Pia tomó una foto de la reliquia. Mientras revelaba los platos fotográficos, Pia vio la imagen clara de un hombre. La imagen que vio en el negativo era similar a una imagen fotográfica positiva.[20] Esto es significativo porque nos ayuda a entender que la imagen en el manto es el reverso de un visual normal. En fotografías normales vemos con toques de luces sobre sombras oscuras, pero en el manto el proceso es opuesto.

Casi un siglo después que se tomaron esas fotos, el 1976, se estudió la imagen en el Laboratorio Nacional de Sandía, usando una computadora llamada VP8 Image Analyzer. Esta computadora pudo convertir la intensidad de la imagen a un relieve vertical. En otras palabras, la imagen plana del manto fue usada para producir un modelo en tercera dimensión. Lo que descubrió el análisis fue que la imagen al relieve coincidía con exactitud con un cuerpo humano, hasta los detalles más sublimes de la cara. Esto se mantuvo fiel a representaciones más extensas del cuerpo.[21]

¿CÓMO SALIÓ EL CUERPO?

El aspecto más notable de la aparición de esta imagen sobre la tela del manto es este: la imagen no pudo haber sido preservada como lo fue si manos humanas hubieran desenvuelto el cuerpo y lo hubieran separado de la sábana misma; se hubiera distorsionado y torcido al desenrollarla. No voy a ondear muy profundamente en el aspecto científico de esto por la simple razón de que se han escrito cantidad de libros al respecto, y yo solo tengo un par de páginas. Pero déjeme darle la más espeluznante prueba:

Un documento escrito por el historiador y abogado Mark Antonacci y por el físico Arthur Lind propone que la imagen del hombre crucificado sobre el manto de Turín puede representar el tipo de fotografía tomada en el momento cuando el cuerpo de Jesús fue transformado en el momento de resucitar. En el documento, "La radiación de las partículas del Cuerpo", su argumento se concentra en veintinueve rasgos característicos que varios científicos han descubierto durante las cuatro décadas de estudio de la imagen del manto y las fibras de la tela. Entre ellas están la falta de reducción de la imagen, el color uniforme de la tela, su oxidación y deshidratación, la intensidad pareja de las vistas frontal y dorsal, igual que la pruebas de análisis de polen y fotográficas que ya hemos mencionado.[22]

Lo que Antonacci concluyó es que "todos estos rasgos solo pueden probarse con radiación, y solamente la radiación podrá probarlos todos".[23] La aseveración es que solamente la radiación, o la luz que emana del cuerpo puede explicar todas estas ocurrencias. Esto significa que según Antonacci, "la fuente de luz no se origina fuera del cuerpo, la tela, o la tumba, sino del cuerpo mismo". El tejido de la parte interna de la tela que contiene las imágenes dorsal y frontal ni siquiera son parte de las imágenes distintivas, las cuales también, lo hubieran sido, si la luz hubiera venido de cualquier lugar fuera del cuerpo".[24]

Es interesante que la investigación de ellos da cuenta hasta de los descubrimientos del modelo en tercera dimensión creado por la VP8 Analyzer. Ellos preguntan:

> ¿Qué si el cuerpo del hombre se hubiera convertido en algo insubstancial o se hubiera desmaterializado instantáneamente, dejando atrás alguna energía en forma de partículas básicas de materia, como protones, neutrones, y ondas electromagnéticas, como los rayos gamma?[25]

La respuesta simple es que si efectivamente fue así que ocurrió la resurrección físicamente, pues la parte de la sábana más cercana al cuerpo hubiera recibido la mayor radiación, mientras que la parte del cuerpo más lejana hubiera recibido la menor radiación. Esto hubiera causado que "verdadera información tridimensional quedara impresa en la tela bidimensional", y esto es precisamente lo que encontramos en el manto.

En su libro *The Resurrection of the Shroud* (La resurrección del manto), Antonacci dice: "Si un cuerpo desaparece o se desmaterializa instantáneamente, esto naturalmente despediría la radiación de partículas y se producirían la sangre y los singulares rasgos que se encuentran en las imágenes del manto".[26] Y continúa diciendo "que el manto sea irradiado de partículas ionizantes o neutrones emanando de un cadáver, es un evento sin precedentes que solo puede explicarse por la resurrección".[27]

El misterio revelado

Así como el misterio del arca del testimonio, el manto de Turín y toda la información que sostiene para nosotros es testimonio de la verdad. De nuevo, es la verdad que brota de la tierra. Pero, ¿por qué?

Yo creo que Dios sabía que habría escépticos. Hay muchos entre nosotros que son siempre (si no más de la cuenta) analíticos, que siempre hacen preguntas. Exigen pruebas. Quieren algo que puedan tocar. El manto es una prueba más de la superioridad del cristianismo sobre el islam, el budismo, el judaísmo, y todas las demás religiones "centradas en líderes", porque el Dios que servimos está vivo hoy, ¡y tenemos pruebas físicas! Tenemos un testigo de su grandeza.

Recuerde que "tres son los que dan testimonio en el cielo (1 Juan 5:7) de nuestra salvación. Pero no se queda ahí. "Tres son los que dan testimonio en la tierra: el Espíritu, el agua, y la sangre; y estos tres concuerdan" (v.8). El Espíritu que nos fue dado como nuestro "ayudador" testifica no solo de nuestra salvación, sino también de su perdurable amor para con nosotros. Las aguas del bautismo son testigos de la muerte a nosotros mismos y la nueva vida que hemos recibido en Cristo. La sangre en el arca da testimonio del sufrimiento de Jesús y la perfección del sacrificio, y la sangre en el manto da testimonio de su triunfo sobre la tumba. Tanto en un sudario en Oviedo, España, como en un manto en Turín, Italia, hay evidencia de sangre que ¡Jesús de Nazaret es el Señor de los Ejércitos!

Capítulo 16

El MISTERIO de la IGLESIA

"¡**V**AMOS A LA iglesia!"
"¡Bienvenidos a la iglesia!"
"¿A qué iglesia quieres ir esta semana?"
He oído estas frases, y otras como esas, (y hasta las he dicho) toda mi vida. Y sin condenarme a mí mismo u otros que las usan, es hora de terminar con esa práctica.

La palabra *iglesia* viene de dos palabras del griego original: *ek*, que significa "fuera de", y *kaléo*, que significa "llamar". Así que esta palabra, *"iglesia"* indica aquellos que han sido llamados a salir de algo. El concepto moderno de edificios, instituciones, y hasta programas como "la iglesia" es un horrible error. Los edificios, las instituciones, las denominaciones, y demás, son siervos de la iglesia pero no son *la iglesia*. De los cientos de referencias a la iglesia en la Biblia, solo dos se refieren a una asamblea local de personas.

Esta asamblea local se manifiesta a sí misma bajo tres figuras retóricas en el libro de Efesios: la iglesia es llamada una novia, un edificio, y un cuerpo. Esta hermosa sociedad es, según Efesios 5:32, un misterio divino. Cuando estudiamos los escritos del Nuevo Testamento, descubrimos que Israel había sido separada a causa de haber rechazado a Jesús. Pero entonces, de entre los judíos y los gentiles, Dios creó un nuevo pueblo. Efesios 3 dice que este nuevo cuerpo de personas es un misterio.

En Efesios 3:2-6 leemos:

> Si es que habéis oído de la administración de la gracia de Dios que me fue dada para con vosotros; que por

revelación me fue declarado el misterio, como antes lo he escrito brevemente, leyendo lo cual podéis entender cuál sea mi conocimiento en el misterio de Cristo, misterio que en otras generaciones no se dio a conocer a los hijos de los hombres, como ahora es revelado a sus santos apóstoles y profetas por el Espíritu: que los gentiles son coherederos y miembros del mismo cuerpo, y copartícipes de la promesa en Cristo Jesús por medio del evangelio.

Luego en el versículo nueve del mismo capítulo, Pablo escribe que esta revelación fue dada para "aclarar a todos cuál sea la dispensación del misterio escondido desde los siglos en Dios, que creó todas las cosas". Lo que aprendemos en estos pocos versículos es que Palo está en medio del proceso de explicar un misterio que no era conocido antes de su tiempo, pero estaba en el corazón de Dios desde antes del principio de los tiempos.

Como puede ver, la iglesia es un grupo de personas reunidas en Cristo. Sea esa reunión en el viejo local de una tienda, una choza en la jungla, el hogar de alguien, o una gran catedral, no importa. La iglesia no fue una idea tardía de Dios; la iglesia fue la sorpresa secreta que Dios había reservado para la humanidad desde el principio.

EKKLESIA

Hay una teología que está destruyendo la iglesia, y la noté mientras leía las obras de Cyrus I. Scofield. Scofield y otros enseñaban por el dispensacionalismo que la intención de Dios era que los judíos aceptaran a Jesús como su Mesías. Luego de su rechazo de Jesús, Dios tuvo que hacer algo y por tanto creó la iglesia. Esto simplemente, no es cierto.

Es importante notar que todo este hablar de un cuerpo misterioso llamado la iglesia está insinuado dentro de una sección particular de Efesios, en la que Pablo está hablando del matrimonio y la familia. En Efesios 5:31-33 Pablo escribe:

> Por esto dejará el hombre a su padre y a su madre, y se
> unirá a su mujer, y los dos serán una sola carne. Grande
> es este misterio; mas yo digo esto respecto de Cristo y de
> la iglesia.

El misterio no es el matrimonio o la familia. No hay misterio en que el hombre deje a su padre y a su madre para casarse. *El misterio es Cristo y la iglesia.* El misterio de Jesucristo, que deja al Padre celestial para venir a la tierra por su novia y compañera es figurado en excelencia en Génesis 2. Adán cae en un sueño profundo, y Dios saca una costilla de su lado para hacer una mujer. El Señor Jesús fue muerto, y de su lado sangrante nació la iglesia. Igual que Eva estuvo en Adán siempre, nosotros, la iglesia, estuvo con Jesús desde la eternidad. Efesios 1:6 dice que somos "aceptos en el Amado", y como Jesús es el "Hijo amado" yo fui aceptado en Él antes de la fundación del mundo.

La mujer en el pozo de Jacob le señaló a Jesús que había contiendas entre los samaritanos y los judíos acerca del lugar adecuado para adorar. Jesús le dijo que había llegado el momento en que un nuevo pueblo adoraría en espíritu y en verdad (Juan 4:19-24). Luego anunció a sus discípulos que edificaría su iglesia basado en una confesión de fe, no un fundamento de piedra.

Esta palabra *ekklesía* fue en el primer siglo una palabra política. Se usaba para llamar a los ciudadanos a reunirse en asamblea para votar. Este privilegio tenía sus requisitos. La persona tenía que ser ciudadana, libre, y sin antecedentes penales. Esto también es cierto de la membresía de la iglesia. No, me refiero a ninguna de estas en forma temporal.

Para ser miembro de la iglesia, usted debe ser ciudadano del cielo. En Filipenses 3:20 dice que "nuestra ciudadanía está en los cielos, de donde también esperamos al Salvador, al Señor Jesucristo". En Romanos 6:22 se nos dice que en Cristo hemos "sido libertados del pecado y hechos siervos de Dios, tenéis por vuestro fruto la santificación, y como fin, la vida eterna".

También, recuerde la gran promesa de Jesús mismo cuando dijo:

> De cierto, de cierto os digo, que todo aquel que hace pecado, esclavo es del pecado. Y el esclavo no queda en la casa para siempre; el hijo sí queda para siempre. Así que, si el Hijo os libertare, seréis verdaderamente libres.
>
> —JUAN 8:34-36

Y finalmente, en Romanos 3:24 leemos que aunque una vez fuimos culpables de haber quebrantado toda la ley (sea Santiago 2:10), ahora no solo hemos sido exonerados sino "justificados gratuitamente por su gracia, mediante la redención que es en Cristo Jesús".

Lo que es la iglesia (y lo que no es)

Aunque nos organizamos para que nuestro servicio sea más eficaz, la iglesia no es una organización. Aunque usemos conceptos empresariales para llevar a cabo la obra, la iglesia no es una empresa. La iglesia es, o al menos debe ser, un pueblo impulsado por, y operando en el Espíritu Santo. En todas sus cartas, Pablo habla de cosas como la operación, o la obra, o el poder de Dios (vea Efesios 3:7; Filipenses 3:21) y "luchando según la potencia de Él, la cual actúa poderosamente en mí" (Colosenses 1:29). Esto se refiere a Dios dándonos poder, a través del Espíritu Santo, para hacer más de lo que jamás hubiéramos soñado hacer, y más de lo que podemos hacer solos.

Hace muchos años Oswald Chambers asistió a una Feria Mundial. Una exhibición no lejos de donde estaba le llamó la atención. Era un hombre bombeando con fuerza, y gran cantidad de agua salía de la bomba. El nunca había visto a nadie bombear tanta agua. Cuando se acercó, Chambers vio que el hombre era solo un maniquí y que lo que estaba impulsando la bomba era la misma agua.[1] ¿Cuándo aprenderemos que Dios es el poder que nos impulsa? Él es la fuente de nuestra energía y nuestra operación.

LA OBRA

La iglesia ha tenido oportunidades sin precedente de mover tres mundos. Primero, podemos afectar y dar forma a nuestro mundo presente. Pablo explica en Efesios 3:6-9 que su llamado es a predicar "las inescrutables riquezas de Cristo" (v. 8) entre los gentiles y aclararlo a todos (v. 9). El evangelismo debe ser el latir del corazón de la iglesia; y Pablo vio esta verdad como algo que no tiene precio. La prioridad de la iglesia debe ser testificar a los perdidos. Nosotros somos testimonio al mundo.

La iglesia también impacta el mundo sobrenatural. En Efesios 3:10-11 Pablo dice que el propósito de todas esas "inescrutables riquezas de Cristo" es "que para que la multiforme sabiduría de Dios sea ahora dada a conocer por medio de la iglesia a los principados y potestades en los lugares celestiales". Es la iglesia quien debe hacer saber a las fuerzas del infierno acerca de la sabiduría de Dios al escoger un pueblo para su nombre. Satanás, sus demonios, y hasta los mismos fundamentos del infierno deben temblar cuando la iglesia se reúne. Mateo 16:18 dice que las puertas del infierno no prevalecerán contra la iglesia. Este no es un cuadro de la iglesia siendo atacada sin éxito por las fuerzas del infierno. Al contrario, es un cuadro de la iglesia asaltando con fuerza las mismas puertas del infierno y liberando los cautivos.

La iglesia también tiene un impacto significativo en el mundo por venir. Por medio de nuestro trabajo contra las fuerzas de las tinieblas, aquellos que nosotros traemos a la iglesia darán forma al mundo de mañana. Nuevamente, Pablo escribe en Efesios 3:20-21:

> Y a Aquel que es poderoso para hacer todas las cosas mucho más abundantemente de lo que pedimos o entendemos, según el poder que actúa en nosotros, a él sea

gloria en la iglesia en *Cristo Jesús por todas las edades,*
por los siglos de los siglos. Amén.

—ÉNFASIS AÑADIDO

Como puede ver, la iglesia de Jesucristo, esa comunión misteriosa de Dios, tiene la oportunidad de ganar a los perdidos, y
al hacerlo, cambiar el paisaje no solo de este mundo sino del
mundo por venir.

LA ERA DE LA IGLESIA

En realidad no sería apropiado hablar del misterio de la iglesia
sin mencionar la profecía que está en Apocalipsis acerca de la
iglesia. Esto lo expliqué con detalle en un estudio de veintidós semanas de este misterioso libro (el DVD o CD, con las notas ex-
haustivas del estudio y sus bosquejos está a la venta). Aunque la
última mención de la iglesia en la Biblia está en Apocalipsis 22:15,
los capítulos dos y tres contienen la relación de siete iglesias históricas que representan la historia futura de la iglesia hasta el día
de hoy. También representan con claridad el tipo de iglesia que
estará en la tierra al final de los tiempos. De las siete, se le dice a
cuatro que vigilen su llegada, así que es normal esperar que estas
iglesias estén presentes cuando ocurra la Segunda Venida.

Las otras tres necesitaron ser reprendidas. La iglesia en Tia-
tira representa la iglesia que se ha comprometido. Habían per-
mitido no solo que una falsa profetisa entrara a la iglesia, sino
que enseñara y sedujera a los siervos. La iglesia de Sardis era una
iglesia dormida, una iglesia de tradiciones. A ellos, Jesús dijo:
Yo conozco tus obras, que tienes nombre de que vives, y estás
muerto (Apocalipsis 3:1). Finalmente, la iglesia en Laodicea era
la iglesia tibia, una iglesia sin fuego, sin pasión, y sin energía. A
ellos, Jesús dijo: Yo conozco tus obras, que ni eres frío ni caliente.
¡Ojalá fueses frío o caliente! Pero por cuanto eres tibio, y no frío
ni caliente, te vomitaré de mi boca (Apocalipsis 3:15-16).

Solamente una iglesia permanecerá triunfante al final de los tiempos. Esta será la iglesia de Filadelfia, la iglesia que soportó con paciencia. Y Jesús les dice:

> Esto dice el Santo, el Verdadero, el que tiene la llave de David, el que abre y ninguno cierra, y cierra y ninguno abre: Yo conozco tus obras; he aquí, he puesto delante de ti una puerta abierta, la cual nadie puede cerrar; porque aunque tienes poca fuerza, has guardado mi palabra, y no has negado mi nombre…Por cuanto has guardado la palabra de mi paciencia, yo también te guardaré de la hora de la prueba que ha de venir sobre el mundo entero, para probar a los que moran sobre la tierra.
>
> —APOCALIPSIS 3:7-8,10

Esta iglesia recibe la llave de David. Esta llave es la adoración davídica. Esto se nos recuerda en el versículo mencionado antes, Apocalipsis 22:16, cuando Jesús dice: Yo Jesús he enviado mi ángel para daros testimonio de estas cosas en las iglesias. Yo soy la raíz y el linaje de David, la estrella resplandeciente de la mañana. Al examinar el panorama de Apocalipsis, vemos un colapso económico con la caída de Babilonia, el fracaso de las religiones rameras fabricadas por hombres, las guerras, el hambre, las enfermedades, y una casi anarquía. Parece extraño que lo último que Jesús dijo a la iglesia incluya una mención de David. ¿Por qué haría esto?

LA COMPAÑÍA DAVÍDICA

De todas las personas mencionadas, descritas, o registradas en las páginas de la Escritura, solo una se llama David, y él fue, y como él no hubo otro antes o después; y sus diferencias pesan también en el contexto de la iglesia.

Fíjese que el semblante de David era diferente. En una cultura de piel oscura, David es descrito como "rubio, y de hermoso parecer" (1 Samuel 17:42) y "hermoso de ojos" (1 Samuel 16:12). ¡Era pelirrojo, de piel blanca, y ojos azules! ¡Ni siquiera su padre lo reconoció como su hijo cuando Samuel el profeta vino buscando un nuevo rey! En una palabra, David era diferente.

David además se comportaba de forma diferente. Tengo un amigo pastor que siempre bromea diciendo que David es el "verdadero 'hippie' en la Biblia". David se conformaba con cuidar las ovejas y pasear por los campos. Escribía poesías y tocaba su guitarra mientras cantaba y danzaba ante Dios bajo las estrellas.

David podía pelear. Era soldado experto. De joven había matado por lo menos un león, un oso, y un gigante de nueve pies (2.74 m) llamado Goliat.

David era también un tipo de Cristo. Recuerde que en el bautismo de Jesús los cielos se abrieron y se oyó a Dios decir: Este es mi hijo amado (Mateo 3:17). La palabra *amado* en hebreo es *Dahveed*, o David. Esta conexión davídica con Jesús es reafirmada en la entrada triunfal de Jesús a Jerusalén. En Marcos 11:9-11 leemos que el pueblo clamaba:

> ¡Hosanna! ¡Bendito el que viene en el nombre del Señor! ¡Bendito el reino de nuestro padre David que viene! ¡Hosanna en las alturas!

Todo esto es cierto de la iglesia también. La iglesia está llamada a tener un semblante diferente a los demás. No hablo del estilo de vestidura o de cabello o de joyas, sino de la posesión del fuego del Espíritu Santo que cambie nuestra apariencia de dentro para fuera. La iglesia debe lucir diferente, actuar de forma diferente, estar dispuesta a pelear, y estar llena de adoradores apasionados.

EL MISTERIO REVELADO

El misterio de la iglesia es mayor que lo que estas páginas pueden contener, pero la verdad detrás del misterio es simple y clara: ¡Dios le ama! Cuando Dios nos mira, no ve diferentes razas, diferentes sexos, diferentes clases, ni todas esas trampas en las que nosotros tendemos a caer. En el primer Adán la raza humana fue dividida en razas, color de piel, lenguajes, y demás. En nuestra carne, todos nos hemos alejados del diseño original. Dicho simplemente, ¡no somos perfectos!

Si usted se mira a sí mismo y piensa que así debe ser un ser humano, sería lo mismo que ir a un depósito de chatarra, buscar un automóvil de lujo oxidado, chocado, destrozado, y pensar que así debe ser un automóvil de lujo. Este cuerpo donde usted vive es el último remanente de Adán sujeto a la caída, ¡pero no es usted! A usted no lo define el que su piel sea oscura o clara, si tiene pelo o no, si es hombre o mujer, ni su nacionalidad. Así como Adán fue el precursor de la raza humana, el segundo Adán, ¡Cristo, es el precursor de una nueva raza de seres humanos llamados la iglesia! La única parte de esto que no tenemos todavía es el cuerpo glorificado.

Como puede ver, si usted todavía está mirando y notando diferencias entre las personas, usted no está viendo la iglesia. El misterio de la iglesia es que en Cristo desaparecen todas nuestras diferencias, y somos traídos a unidad para adorar al Rey y hacer su obra. Al comprender esto, nos damos cuenta que en Cristo, los bautistas y los pentecostales, gente de piel clara y de piel trigueña, ricos y pobres, hombres y mujeres, judíos y gentiles, iraníes e israelitas, pueden ver más allá de las diferencias humanas y ver que el gran testigo de la sangre nos limpia y nos hace uno en Cristo.

Capítulo 17

El MISTERIO *de la*
LLENURA *del* ESPÍRITU

HE HABLADO CON detalle acerca del Espíritu Santo y la vida del cristiano. Esta disposición del Espíritu Santo se llama, la unción, y como todo lo que estamos considerando aquí, es un misterio. En Colosenses 1:26-27 Pablo escribió:

> [El cumplimiento de la palabra de Dios es] el misterio que había estado oculto desde los siglos y edades, pero que ahora ha sido manifestado a sus santos, a quienes Dios quiso dar a conocer las riquezas de la gloria de este misterio entre los gentiles; que es Cristo en vosotros, la esperanza de gloria.
> —COMENTARIO DEL AUTOR EN CORCHETE

Aquí encontramos la frase "Cristo en vosotros". Pero de igual importancia, vemos nuevamente que la palabra *misterio* no se usa para describir algo que está escondido, sino algo que Dios está revelando. Pablo dijo que el misterio "había estado oculto desde los siglos y las edades". Sí, en algún momento no fue revelado, porque el Mesías tenía que venir para revelarlo. Así que, ¿qué significa esto del misterio del Espíritu?

UN SECRETO SAGRADO

En su carta a los Colosenses Pablo señala que los tesoros escondidos de Dios son escondidos en Cristo Jesús. Todos los misterios de la Biblia son secretos sagrados que están al alcance de todo creyente. Colosenses 1:26 dice que el misterio fue revelado "a sus santos [de Dios]". Esa palabra *santos* significa "separados".

Esto no quiere decir santo en el sentido que normalmente se usa, sino que los santos son aquellos que Dios ha separado.

La salvación (el haber "nacido de nuevo", "renacido", "convertido", "lavado en la sangre", "ser salvo", o cualquier terminología que usted use) es una experiencia maravillosa con el Espíritu Santo. Pero la iglesia no ha servido bien al mundo. Hemos tratado de decirle a la gente que hay un "plan de salvación". Hemos impreso folletos y tratado, hemos escrito libros y sermones, hemos grabado canciones acerca de este "plan". No me malentienda. *Hay* un mensaje de salvación. Pero la gente tiene la tendencia de pensar que si podemos memorizar algo que es fácil, entonces esa es la ruta que vamos a seguir. Y tendemos a llevar al incrédulo por el "Camino de los romanos". ¿Fue así que Jesús testificó? ¡No!

Nada malo hay en aprender los detalles y poder presentarlos, pero lo que hemos hecho es arrancar la fruta verde y traer a la gente a la iglesia porque estuvieron de acuerdo con un plan. ¡Pero esta gente nunca fue verdaderamente convertida! La salvación es una revelación del Espíritu de Dios y la obra que Él hizo en nuestras vidas. Jesucristo, literalmente, en realidad, por su Espíritu viene a morar en nuestras vidas. No es solo un proceso de hacer una oración sin sentir nada, ni realmente saber nada.

La salvación es una verdad sencilla y misteriosa a la vez. Es claro: una persona debe estar de acuerdo con Dios acerca de sus pecados y alejarse de ellos. Debe personalmente invitar a Jesús a su vida como Señor y Salvador. Mi amigo Ron Dunn lo dijo de la mejor manera, creo yo, cuando dijo que la salvación ocurre "cuando damos todo lo que sabemos acerca de nosotros mismos a todo lo que sabemos acerca de Jesús". Esta transacción sucede por fe.

Aun de forma tan simple, debemos entender que hay un cambio misterioso y maravilloso en la vida de un nuevo convertido. La salvación no es, ni nunca ha sido, simplemente conocer "el plan de salvación". No es aceptar ciertos hechos, aunque estos hechos han de creerse.

¡No! Repito, la verdadera conversión es la obra del Espíritu Santo. Ese es el misterio de la conversión. El espíritu de Dios entra a nuestro ser interior para vivir en nosotros mientras estemos en la tierra. De nuevo, debe ser más que un sentimiento. He oído decir: No hay que sentir nada. ¡Esto no es verdad! La Biblia nos advierte acerca de ir más allá de los sentimientos. ¡La salvación es Dios viniendo a vivir en nosotros por el resto de nuestras vidas! Y eso es algo por lo que vale la pena emocionarse. No estoy tratando de echar dudas, pero líbrenos Dios de asumir que solo porque recitamos una oración y reconocimos las cuatro leyes espirituales, nos colamos sin haber sido convertidos, redimidos, y regenerados por el Espíritu en nuestras vidas.

En el capítulo tres de Juan, Jesús estaba testificando a un religioso llamado Nicodemo. Ahora, si Jesús hubiera asistido a un seminario para "Ganar a los perdidos" en una de nuestras iglesias locales, hubiera sentado a Nicodemo con un Antiguo Testamento y le hubiera dicho: Nicodemo, tienes que saberte cuatro versículos. Pero no fue eso lo que sucedió. Jesús dijo a Nicodemo que para ver el reino de Dios, para ser salvo, "tenía que nacer de nuevo".

Nicodemo no podía entender este concepto. En su limitada comprensión, la salvación era algo puramente físico: cumplir la ley y los mandamientos, estudiar la ley, oficiar mitzvahs, etc. Significaba hacer algo físico. Pero lo que Jesús quería que Nicodemo entendiera es que era absolutamente necesario un nacimiento espiritual. En Juan 3:8 Jesús dice:

> El viento sopla de donde quiere, y oyes su sonido; mas ni sabes de dónde viene, ni a dónde va; así es todo aquel que es nacido del Espíritu.

Para entender esta frase correctamente, debemos entender que la palabra *viento*, en griego, es la misma palabra que *espíritu*. Lo que Jesús explicó a Nicodemo aquí es que la conversión es simple, pero profunda. El viento del Espíritu vendrá del cielo, y aunque usted no sepa de donde viene ni a donde va, usted sabrá cuando le golpee, y cambiará s vida para siempre.

Algo invisible y misteriosamente maravilloso sucede en la verdadera conversión. El Espíritu de Dios, el mismo espíritu que impartió poder a Jesús en su ministerio sobre la tierra, el mismo espíritu que lo llenó una y otra vez para hacer milagros más allá de la capacidad que le permitía su humanidad, el mismo espíritu que lo irradió de luz de adentro hacia afuera cuando yacía envuelto en sábanas y lo hizo atravesarlas físicamente, sí, el mismo espíritu que resucitó a Jesús de entre los muertos cuando nos convertimos hace su residencia en nuestro espíritu y nos hace nuevos.

La salvación no es algo simplemente admirable; nos posee y nos convierte en personas peculiares. No simplemente se entiende, se siente y se experimenta. Cuando una persona reconoce sus pecados, los confiesa, y confía en que la muerte y resurrección de Cristo le salva, esa persona *es salva*. No recibimos un plan; recibimos una persona. No recibimos la verdad; recibimos a Aquel que dijo: "Yo soy...la verdad" (Juan 14:6).

EL ALCANCE Y LAS RIQUEZAS

Miremos una vez más en Colosenses 1. Pablo dijo que su misión era "dar a conocer las riquezas de la gloria de este misterio entre los gentiles (v. 27). Ahora, en nuestra sociedad moderna, sobre todo en la iglesia del siglo XXI, tendemos a dar mucha importancia a esto de los judíos y gentiles. Pero la palabra *gentiles*, como la usa Pablo aquí no solo significa los que no son judíos, sino implica la palabra *naciones*. Lo que Pablo dice, en esencia, es que Dios le ha llamado a revelar el misterio a todas las naciones.

Esto significa que nadie sobre la faz de la tierra está más allá del poder redentor y transformador de la salvación de Dios.

Se puede oír en la iglesia, en el hogar, en el automóvil, en la calle, por radio, televisión, internet, página impresa, o testimonio personal. En todo lugar, a toda hora, ¡el poder misterioso de Dios puede tocar vidas! No hay hogar, corazón, o escondite donde Dios no le pueda encontrar, alcanzarle, convencerle, y crear en usted un corazón limpio por su Espíritu. Cuando esto sucede, el nuevo convertido recibe una herencia indescriptible. Esta es una de las verdades que todavía son un misterio: las riquezas del creyente. Dice la Biblia que hemos recibido "tesoros en vasos de barro" (2 Corintios 4:7) para encontrar "la perla de gran precio" (Mateo 13:46) que vale la pena vender todo para obtenerla. Lo cierto es que ahora poseemos algo que el dinero no puede comprar y las obras no pueden ganar. Nuestra salvación ha traído consigo, como regalo de Dios, abundancia inexhaustible.

Leemos que Jesús dijo: Yo he venido para que tengan vida, y para que la tengan en abundancia (Juan 10:10). También, Pablo escribió: Y poderoso es Dios para hacer que abunde en vosotros toda gracia, a fin de que, teniendo siempre en todas las cosas todo lo suficiente, abundéis para toda buena obra (2 Corintios 9:8) y que Dios "es poderoso para hacer todas las cosas mucho más abundantemente de lo que pedimos o entendemos, según el poder que actúa en nosotros" (Efesios 3:20). ¡En Cristo, según su Palabra y su Espíritu, tenemos vida en abundancia, gracia en abundancia, y poder en abundancia!

Se nos dice que la tierra solamente usa una parte de dos millones de la energía solar. Aun así nuestro planeta recibe suficiente energía cada día para acabar con la escasez de energía para siempre. ¡Qué triste que no podamos recaudarla! Pero en la iglesia tenemos el mismo problema. Creo que tampoco estamos aprovechándonos de las abundantes provisiones de Dios.

Somos salvos y conocemos al Señor. ¡Sus riquezas son nuestras! No hay motivo alguno para no reclamarlas.

Escuché que hace años en Chattanooga había un comedor de beneficencia, y dos mujeres estaban esperando recibir su alimento. Una tenía un recipiente de medio galón (dos litros) y la otra uno de cinco galones (20 litros). La mujer con el recipiente de medio galón le dijo a la otra: No piensas que te llenen ese envase, ¿verdad? La otra mujer contestó: ¡Claro! Solo nos pidieron que trajésemos un envase. ¡Cuán escasos estamos por no reconocer las riquezas que tenemos en Cristo!

CRISTO EN MÍ

He expuesto a detalle el maravilloso misterio de Cristo en nosotros, pero es tan grande, tan maravilloso, y alcanza tan lejos, que merece más ilustración. El mensaje del Espíritu es que Jesucristo vive en nosotros por el Espíritu Santo. Podemos ser bautizados en el Espíritu, llenos del Espíritu, sellados por el Espíritu, y llevar el fruto del Espíritu. Podemos orar en el Espíritu, vivir en el Espíritu, andar en el Espíritu, y morar en el Espíritu. Podemos adorar en el Espíritu y ser liberados por el Espíritu. Podemos ser ungidos por el Espíritu y recibir la provisión del Espíritu. ¿Por qué? ¡Porque Jesucristo vive en nosotros!

Y por eso es que recibimos "la esperanza de la gloria" (Colosenses 1:27) Por el Espíritu podemos, ahora mismo, experimentar las riquezas de su gloria, pero, dice la Biblia que con tanto como podamos tener y experimentar aquí en la tierra, hay mucho más que esperar. Todavía tenemos una "esperanza", y de eso vamos a hablar en el próximo capítulo, pero ¡qué maravilloso es que la vida abundante, llena de poder y gracia, con todas las riquezas de Cristo que podemos experimentar en este lado del cielo, es solo una muestra de la esperanza que ha de venir!

El misterio revelado

El comediante Bill Cosby dijo una vez de forma humorística que el propósito de la filosofía era hacer las preguntas profundas e importantes de la vida como: ¿Por qué existe el aire? Desde luego que esto fue una broma, pero pocas personas saben que a lo humanos les llevó miles de años probar que el aire existe, mucho menos que era materia. El problema es que el objeto del estudio era invisible. Los científicos no podían ver el objeto de su estudio, tuvieron que depender de pruebas indirectas.

El estado nebuloso de aire ha sido usado como analogía de la existencia de Dios. "No es posible ver el viento", dice el argumento, "pero se puede sentir y ver su efecto. Igual es Dios". En cuanto a la ciencia, sí, es un argumento dudoso, pero cuando pensamos en las palabras de Jesús a Nicodemo, parece como si el Señor mismo hubiera saltado a ese vagón. Sí, vemos los efectos del viento, pero es imposible saber de donde viene ni a donde va. Así es con los que son nacidos del Espíritu.

Como verá usted, cuando el mundo perdido mira a uno nacido del Espíritu, no pueden ver lo que esa persona tiene. Hay esperanza en él de gloria futura; una gloria que aunque presente, está por venir. Los que han nacido del Espíritu tienen el ancla echada ya en el cielo por la soga de la esperanza. La invisible seguridad bendita de una residencia y rango eternos es de ellos ya.

Lo que entendemos es que lo que disfrutamos en parte aquí lo disfrutaremos allá en su totalidad. ¿Por qué? Porque el hogar de Cristo es el cielo. Cuando Él vino a vivir en mi vida y me llenó de su Espíritu, el cielo se convirtió en mi hogar también, y ahora anhelo el cielo. Así es con todos aquellos que son nacidos del Espíritu.

Es esta obra del Espíritu que facilita la conversión. El que me guió a Cristo probablemente sea el peor ganador de almas en la historia del evangelismo. El nombre de este pastor era

Bob Riddle. Todo lo que hacía era estudiar todo el día, pero su predicación me cautivó. Yo estaba perdido pero mi madre le pidió, le rogó, y lo molestó tanto que un día vino a mi casa y me invitó a dar un paseo. Hablamos de Dios, del sacrificio de Jesús, y de la salvación, y yo tenía tanto temor, y estaba tan maravillado del pastor Riddle que aun ahora casi no lo puedo describir. Pero él tuvo la sabiduría de no guiarme en la oración del pecador. Él sabía que yo no estaba listo. Llegamos a casa, y al sentarme en el asiento delantero del auto, me dijo: Hermano Ronnie, ¡estás cerca!, pero el Espírtu Santo te lo dirá. ¡El Espíritu Santo te lo dirá! Y cuando te lo diga, ¡solo pídeselo! Ahora, vuelve a tu casa y dile a tu madre que hablamos para que me deje tranquilo!

Ahora me río, pero tres días después estaba sentado solo en un columpio del patio; no podía reírme. Sus palabras resonaban en mi mente. Había estado estudiando uno de mis libros de ciencia (el estudio de la cosmología y otros similares siempre han sido mi pasatiempo), y estaba considerando la grandeza del universo, y de pronto me di cuenta de mi pequeñez. Recordé lo que me había dicho el pastor John Bob, bajé la cabeza y dije: Señor Jesús, el pastor Riddle me dijo que soy pecador, y yo lo sé. Pero quiero que tomes mi vida. Después de orar, me quedé acostado sobre la hierba mirando la creación de Dios. Lo sentí tan cercano como las hojas de la hierba que me rozaban la cara. Esa es la conversión del Espíritu Santo.

Pero no es así que lo hacemos ahora. Tenemos planes y programas y seminarios y todo tipo de estrategias para atraer números a la iglesia local, y a muchos pastores y evangelistas les gusta reportar grandes números (y yo le doy gracias a Dios por el trabajo que estos hombres y mujeres de Dios hacen), pero la verdadera conversión no es cuestión de oraciones, planes, o números. Es Dios que nos revela a su Hijo por medio del Espíritu Santo.

La verdad del misterio es que ya no es un misterio. Cristo vive en nosotros aquí en la tierra para que nosotros podamos vivir con Él en el cielo. Por su Espíritu su maravillosa salvación es nuestra.

Capítulo 18

El MISTERIO *del* RAPTO

ENTRE LOS INCONVERSOS probablemente esta sea la más conocida de las enseñanzas cristianas. Entre los fieles es probablemente la más esperada de la historia. Entre las dos probablemente sea la doctrina menos entendida de la iglesia. El rapto, ese momento cuando números incalculables de los fieles de alguna forma desaparecerán de la faz de la tierra, ha sido tema de películas y novelas tanto en el mundo de la fe como el secular. Es un misterio, desde luego, pero es algo que podemos, y debemos entender.

Este es un misterio del futuro de la iglesia, pero impactará el futuro de todo el planeta, pues el destino de le iglesia se extiende hasta la eternidad futura igual que se extiende hacia la eternidad pasada. En 1 Corintios 2:7-9 Pablo escribe:

> Mas hablamos sabiduría de Dios en misterio, la sabiduría oculta, la cual Dios predestinó antes de los siglos para nuestra gloria, la que ninguno de los príncipes de este siglo conoció; porque si la hubieran conocido, nunca habrían crucificado al Señor de gloria.
>
> Antes bien, como está escrito: Cosas que ojo no vio, ni oído oyó, ni han subido en corazón de hombre, son las que Dios ha preparado para los que le aman.

Todavía me deja atónito, que en todo lo que he experimentado en mis años en este planeta, que en todo lo que he visto y experimentado en mis cuarenta y ocho años de ministerio (los miles de vidas cambiadas por la predicación del evangelio, la reconciliación de matrimonios, las sanidades, las victorias), mis ojos nunca han visto, ni mis oídos han oído, ni jamás he imaginado la grandeza y la multiplicidad de lo que Dios tiene reservado no solo para mí sino para todo el que le ama. Lo que tenemos que comprender es que si estas cosas que Dios tiene para nosotros no las podemos ver o imaginar, entonces su realidad debe existir en algún lugar más allá de este ámbito temporal. El umbral de ese lugar se abrirá con el rapto.

Algunos puntos básicos

Para probar que no es una enseñanza válida, la mayoría de los escépticos citan el hecho de que la palabra *rapto* no aparece en ningún lugar en le Escrituras. Aunque es cierto que no aparece en la Biblia, la tenemos de lo que podemos entender en 1 Tesalonicenses 4:16-17:

> Porque el Señor mismo con voz de mando, con voz de arcángel, y con trompeta de Dios, descenderá del cielo; y los muertos en Cristo resucitarán primero. Luego nosotros los que vivimos, los que hayamos quedado, seremos *arrebatados* juntamente con ellos en las nubes para recibir al Señor en el aire, y así estaremos siempre con el Señor.
>
> —Énfasis añadido

La palabra que se traduce "arrebatados" en este pasaje es la palabra griega *jarpázo*, un verbo que significa apoderarse, agarrar, arrancar, halar, o tomar. La palabra fue traducida al latín *rapto* en la Vulgata. Es de ahí que obtenemos la palabra en español, rapto.

La doctrina del rapto es una porción de la escatología cristiana (el estudio de los últimos tiempos) que es la primera fase del retorno de Cristo. En esta fase, Jesús no regresa a la tierra en forma física, sino vendrá de tal manera que "halará" o "arrebatará" a su novia, la iglesia, para que escape del tiempo de tribulación que se acerca. El pasaje anterior de 1 Tesalonicenses 4 nos da una idea de cómo será la experiencia. Jesús descenderá del cielo, y a "gran voz" llamará a cada cristiano, primero los que han muerto, y luego los que viven.

EL GRAN CAMBIO

Creo que parte del motivo porque el concepto del rapto es tan difícil de entender es que a veces pareciera ser algo sacado de la ciencia ficción. Como cultura, y sobre todo en el oeste, hemos sido condicionados con el tiempo a pensar que la idea de que la gente simplemente desaparezca es un fenómeno que se ve solamente en los anales de *Viaje a las estrellas*, historias de secuestros por extraterrestres, y cosas así. Pero la Biblia nos dice que no solo el rapto va a suceder, sino que es indispensable. En 1 Corintios 15:50 Pablo nos dice: La carne y la sangre no pueden heredar el reino de Dios, ni la corrupción hereda la incorrupción. El cielo y sus glorias son perfectos, y no podemos recibir la plenitud de esa herencia en estos cuerpos terrenales.

El cuerpo en que vivimos es pecaminoso. Aun cuando nos convertimos, los santos salvados por gracia, con todo pecado cubierto por la sangre, vivimos en una versión corrupta del cuerpo que Dios diseñó para nosotros. Descansamos en la herencia de Dios, mientras que luchamos en la maldición de Adán. Más adelante Pablo hace referencia a esto en 2 Corintios 5:2-3 cuando dice:

> Y por esto también gemimos, deseando ser revestidos de aquella nuestra habitación celestial; pues así seremos hallados vestidos, y no desnudos.

Pablo dice que llegará el día cuando vamos a recibir "vestiduras" especiales del cielo que cubrirán la desnudez de nuestra corrupción.

Puedo oír la respuesta ya: "¡Un momento pastor Ron, Jesús tuvo un cuerpo físico después de la resurrección, y Él ascendió al cielo!". Cierto. Pero algo sucedió en el cuerpo de Jesús en el momento de la resurrección. Esto ya lo expliqué en los descubrimientos del manto de Turín, y la luz que transportó a Jesús en el nivel celular fuera del manto. Yo creo que ese evento fue Dios cambiando el cuerpo terrenal de Jesús a uno glorificado; un cuerpo que posiblemente fuera igual al cuerpo que Adán y Eva tenían al principio, antes de la caída. Esto fue un regalo para Jesús, y lo será para nosotros también. Es un regalo que vamos a necesitar.

En su carta a la iglesia en Éfeso, Pablo habla de los dones que fue la intención de Dios darnos. En el capítulo 1 escribe:

> Dándonos [Dios] a conocer el misterio de su voluntad, según su beneplácito, el cual se había propuesto en sí mismo, de reunir todas las cosas en Cristo, en la dispensación del cumplimiento de los tiempos, así las que están en los cielos, como las que están en la tierra.
>
> En él asimismo tuvimos herencia, habiendo sido predestinados conforme al propósito del que hace todas las cosas según el designio de su voluntad, a fin de que seamos para alabanza de su gloria, nosotros los que primeramente esperábamos en Cristo. En él también vosotros, habiendo oído la palabra de verdad, el evangelio de vuestra salvación, y habiendo creído en él, fuisteis sellados con el Espíritu Santo de la promesa, que es las arras de nuestra herencia hasta la redención de la posesión adquirida, para alabanza de su gloria.
> —Efesios 1:9-14, comentario del autor en corchete

En este pasaje vemos que el misterio revelado es el destino de la iglesia. El versículo 10 habla de una gran concentración de todos los que están en Cristo, tanto en el cielo como en la tierra. Entiéndase que según la voluntad de Dios, usted y yo fuimos predestinados para ese propósito. Podemos estar seguros en esa promesa, porque pertenecemos a Cristo. Por su autoridad divina, Él nos llamará, y las leyes de la gravedad y la naturaleza se suspenderán, y dejaremos esta tierra para estar con nuestro salvador.

LA VICTORIA

El mayor aspecto de esto es que el rapto, ese momento de cambio del cuerpo temporal al cuerpo glorificado y eterno, es la última señal de la victoria que tenemos en Cristo. El rapto es el funeral de la muerte. En 1 Corintios 15:53-57 Pablo dice:

> Porque es necesario que esto corruptible se vista de incorrupción, y esto mortal se vista de inmortalidad. Y cuando esto corruptible se haya vestido de incorrupción, y esto mortal se haya vestido de inmortalidad, entonces se cumplirá la palabra que está escrita: Sorbida es la muerte en victoria. ¿Dónde está, oh muerte, tu aguijón? ¿Dónde, oh sepulcro, tu victoria? ya que el aguijón de la muerte es el pecado, y el poder del pecado, la ley. Mas gracias sean dadas a Dios, que nos da la victoria por medio de nuestro Señor Jesucristo.

La palabra *victoria* es usada tres veces aquí. En el versículo 54 vemos que en el rapto la muerte será "sorbida". Este es un verbo aoristo que indica que ha sucedido de una vez y para siempre. La muerte será para siempre una cosa del pasado.

Jesús demostró esto con su propia resurrección. La muerte trató de tragárselo, pero la tumba no lo pudo contener, y la corrupción no lo pudo tocar. En su victoria sobre la muerte y la tumba, vemos nuestro futuro. En la tumba vacía, dejó para siempre el terror de la muerte. No solo la muerte ha sido tragada, pero el temor de ella ya no es algo a tratar. La gloriosa conquista de Jesús sobre la muerte y la tumba será manifestada en el momento del rapto y la resurrección. ¡Seremos arrebatados en el aire para estar con Él!

Cuando esto suceda, habrá una gran coronación. Pablo continúa diciendo en 1 Corintios 15:58: Así que, hermanos míos amados, estad firmes y constantes, creciendo en la obra del Señor siempre, sabiendo que vuestro trabajo en el Señor no es en vano. No, nuestro trabajo no es en vano. Las pruebas y tribulaciones que sufrimos no son por gusto, no son para siempre, y no carecen de fruto.

El momento del encuentro con Jesús en el aire será uno de confraternidad, comunión, examinación, y coronación. Estaremos de pie ante el trono para recibir la corona por nuestro trabajo. Entonces, con placer colocaremos esas coronas a los pies de nuestro Señor. No me malentienda nadie. He oído algunos decir que este regalo es una burla porque después Él nos exige que se lo devolvamos; he oído a otros decir que es de malagradecidos tomar un regalo y echarlo a sus pies. No, estos no entienden la dinámica del momento. Jesús nos colma con su amor, y nosotros lo colmamos a Él amándole y reconociendo que solo Él es Rey y que sin Él, las obras que hicimos para recibir esas coronas hubieran sido perdidas. ¡Solo Él ha de ser alabado!

La novia

Para entender verdaderamente el concepto del rapto, nos ayudaría echar una mirada a la historia, y estudiar el ritual judío de bodas durante los tiempos de Jesús. En todas las bodas había tres categorías de personas: el novio, la novia, y los invitados. Pero las bodas no eran ocasiones escasas de pompa y circunstancia, misterio, y ritual.

Toda boda judía comenzaba mucho antes del evento del compromiso. Un joven, o su familia, se acercaban al padre de una joven con un contrato o pacto ya preparado. Este contrato detallaba varias cosas: quién era el novio, lo que esperaba de la novia, las promesas que hacía a la novia y a su familia, etc. Primeramente, el contrato mostraba la intención del novio de cuidar y proveer para su novia. El elemento más importante de todo contrato era el precio de la novia. Esto es lo que el joven estaba dispuesto a pagar para casarse con ella. El novio le pagaba al padre de la novia, por lo regular una cantidad bastante alta, a cambio del permiso del padre para casarse con la joven. Esto puede parecer cruel, pero considere dos factores:

1. En esa cultura los hijos eran más valorados que las hijas, porque podían compartir el trabajo, así que el costo de criar una hija era bastante alto.

2. Más importante, la cantidad de dinero era significativa porque mostraba que el novio desde el principio había invertido de sí mismo en la mujer. Había dado su tiempo y su trabajo, posiblemente meses, y hasta años, para recaudar el precio de su novia. El joven estaba demostrando lo preciosa que era ella para él y cuánto la valoraba.

Todas estas negociaciones eran hechas con la novia presente. Si el precio era aceptable y el padre daba su aprobación, vertía vino en una copa y la ponía sobre la mesa. Imagínese la tensión: este joven ha venido suplicando, todos sus ahorros con él, el padre ha dado su consentimiento…pero ahora depende de la joven. ¿Tomará de la copa? Si lo hacía, demostraba estar dispuesta a casarse con él. Si no, bueno, estoy seguro que muchos fuertes jóvenes judíos derramaron unas cuantas lágrimas.

Si ella bebía el vino, en ese momento el hombre y la mujer quedaban comprometidos. Es importante notar que no es un compromiso como conocemos hoy. Esto no era algo fácil de romper. El compromiso era legal, como un matrimonio. La única diferencia es que el matrimonio no estaba consumado.

Después de la ceremonia el novio desaparecía. Un período típico de compromiso era de uno a dos años. Durante este tiempo ambos novios se preparaban para el matrimonio y por lo general no se veían mucho. Pero constantemente el novio enviaba regalos a la novia mientras estaban separados. Esto no solo mostraba el aprecio que él tenía por ella, sino que le daba una idea de lo que estaba preparando para ella, con la intención de ayudarla a que lo recordara durante la larga ausencia del compromiso.

Mientras estaba lejos de su novia, el novio preparaba una cámara para la luna de miel, así como un lugar para vivir juntos. Era típico que la cámara de la boda la construyese como una adición a la casa del padre del novio, en la misma propiedad. Debía ser hermosa y seductora, y en particular, según las especificaciones del padre. Después de la boda los novios se quedaban siete días en esa habitación. El joven podía ir a buscar a su novia solo cuando su padre lo aprobara.

Durante el tiempo de compromiso la novia permanecía en un estado constante de *mikveh*, o "purificación ceremonial". Debía mantenerse apartada. Si salía en público debía cubrirse con un velo para que todos supieran que estaba comprometida. La novia y sus damas compraban cosméticos, y la novia aprendía a aplicárselos para embellecerse aún más para su novio. Tenía que estar lista siempre, pues no sabía cuándo el novio vendría por ella. No era poco común que el novio viniera a media noche. Las hermanas de la novia o sus damas estaban constantemente con ella, esperando, con sus lámparas encendidas para que tanto el novio como la novia tuvieran luz.

Cuando el padre del novio daba su aprobación a la cámara de bodas, enviaba al novio a buscar la novia. El novio caminaba, a veces solo, otras con amigos, por las calles hasta la casa de su novia. Él o sus amigos tocaban el shofar (un cuerno de cordero) por el camino, anunciando su venida.

El novio y la novia se escapaban a la cámara de bodas y consumaban su matrimonio. Cuando el acto se completaba la primera vez, el novio lo susurraba a su amigo por la puerta, quien lo anunciaba a los invitados, y había celebración por siete días hasta que el novio y la novia salían de su cámara.

Esta explicación ha sido larga, pero es extremadamente

importante para comprender no solo el rapto sino la secuencia de los eventos que tendrán lugar durante el tiempo de la tribulación.

Como ven, Jesús es el novio. Él pagó el precio de la novia por nosotros: su propia sangre preciosa. Cuando nosotros bebemos de la copa de la comunión, anunciamos nuestra disposición de ser su novia. Jesús se fue para preparar un lugar para nosotros (Juan 14:2) para que podamos estar con Él. En su ausencia, Él nos envía regalos por medio del Espíritu Santo para darnos a probar algo de la fortuna que tenemos en Él, pero también para darnos poder para soportar la espera. Un día el Padre dirá a Jesús: Ve y búscalos (vea 1 Tesalonicenses 4:13-17). Y Jesús descenderá, con el sonido de un gran shofar y la voz de su teniente diciendo: "¡Vengan!". En ese momento nosotros abandonaremos esta desolación terrestre y seremos transformados en su novia. Haremos fiesta en las bodas del cordero no solo por siete días si no por siete años, mientras que los que quedan en la tierra son juzgados, y un pequeño remanente es levantado para el reino. Después de esos siete años nosotros vendremos con Jesús y le veremos completar su plan de salvación y la nueva creación.

EL MISTERIO REVELADO

Cuando Jesús se paró delante de la tumba de Lázaro, lloró. "Jesús lloró" (Juan 11:35). Es el versículo más corto en toda la Biblia. A menudo me he preguntado por qué. Ya había dicho que su intención en ir a Betania era resucitar a Lázaro. Así que no es porque la muerte de su amigo le tomara por sorpresa.

Pienso que es fácil decir que Jesús sentía una profunda compasión por los dolientes que estaban presentes. El corazón compasivo de Dios es evidente en toda la Escritura. Yo creo que es justo decir que Jesús lloró por la tragedia del pecado. Ni Lázaro, ni ninguno de nosotros fuimos hechos para pecar, pero nuestro pecado nos condena a la tumba. También creo que es justo decir que la muerte de Lázaro, un ciudadano rico y reconocido hubiera sido notada por muchas personas importantes y prominentes de Jerusalén y sus alrededores, y Jesús, al hacer este milagro estaba firmando su propia sentencia de muerte.

Pero ninguna de estas explicaciones logró convencerme. Yo creo que Jesús estaba dolido por todas estas cosas, pero más que nada porque al levantar a Lázaro de la muerte, Él, Jesús, estaba a la misma vez sacándolo del paraíso condenarlo a otra muerte física. Como dije antes, la muerte no es un estado que Jesús quiere para nosotros. Nosotros fuimos creados para el cielo y la eternidad.

El momento de transformación, el rapto, será dos cosas: será un anunciamiento de que el evangelio es verdadero, y será una burla para los que no creyeron. Pero nadie se equivoque, va a suceder. ¿Por qué? Porque Jesús nos ama tanto que se niega a dejarnos sumidos en el fango de este planeta caído y corrupto. Él tiene algo mejor para nosotros. Él tiene algo eterno para nosotros. Y solo lo podemos recibir de una forma: no en estos cuerpos de corrupción, sino en el estado glorificado de Cristo, con los cuerpos glorificados por nuestra propia resurrección.

Capítulo 19

El MISTERIO de la
SOBREVIVENCIA de ISRAEL

A TRAVÉS DE LA historia, un pueblo ha permanecido en agudo contraste con el resto del mundo. Este grupo, por su presencia, persecución, y perpetuidad, se mantiene como prueba sólida de la inspiración divina de la Escritura. No puedo pensar en otra forma de comenzar este capítulo, y la pregunta que enfrentamos, que citando las palabras de uno de los más respetados autores estadounidenses, Mark Twain.

A finales del invierno de 1898 Twain vivía en Austria, habiéndose establecido allí en 1896. Tras ver el cruel antisemitismo, abiertamente sancionado por el gobierno, extenderse desde la vecina Checoslovaquia, y ver a los judíos en Viena ser víctima de ataques políticos y físicos, Twain escribió un artículo titulado "Tiempos turbulentos en Viena", que fuera publicado en *Harper's Magazine* en marzo de 1898. El artículo recibió un monte de respuestas, pero fue una carta escrita por un abogado estadounidense judío que llamó la atención de Twain. En la carta, el abogado preguntaba: "¿Quisiera decirme por qué, en su opinión, los judíos siempre han sido, y lo son hoy, en estos días de supuesta inteligencia, víctimas de tal inexcusable hostilidad y cruel resentimiento?[1] Twain respondió con otro artículo, que también publicó *Harper's Magazine*, titulado "En cuanto a los judíos", y escribió lo siguiente:

> Si las estadísticas son correctas, los judíos constituyen el uno por ciento de la raza humana. Es como una nebulosa partícula de polvo dentro del polvo estelar perdido

en la grandeza de la Vía Láctea. Realmente no debería escucharse casi nada acerca del judío, sin embargo, se oye acerca de él, y siempre se ha oído. Es tan prominente en el planeta como cualquier otra persona, y su importancia comercial está extremadamente fuera de proporción dado su pequeñísimo tamaño. Sus contribuciones a la lista de grandes nombres en el mundo en literatura, ciencia, arte, música, finanzas, medicina, aprendizaje tenaz, etc., está también fuera de proporción por la mínima cantidad de sus miembros.

Ha peleado de una manera excepcional en el mundo, en todas las épocas; y lo ha hecho siempre con las manos atadas. Podría ser infructuoso y tener una buena excusa para serlo. Los imperios egipcios, babilonios y persas, crecieron, llenaron el planeta con sonido y esplendor, y después desaparecieron como parte de un sueño. Después aparecieron los griegos y los romanos e hicieron mucho ruido, pero también desaparecieron. Otros pueblos, asimismo, han crecido y mantenido su antorcha prendida por algún tiempo, pero finalmente se les apagó y ahora viven en la obscuridad o ya no existen.

El judío estuvo ahí, observó todo y les ganó a todos, pues ahora es lo que siempre fue, no ha mostrado decadencia ni pérdidas por los años, ni se han debilitado sus partes, tampoco han disminuido sus energías; se han mantenido alertas y su mente agresiva no se ha adormecido. Todo es mortal excepto el judío; todas las demás fuerzas pasan, pero él se mantiene. ¿Cuál es el secreto de su inmortalidad?[2]

En efecto, ¿cuál es el secreto de la inmortalidad del pueblo judío?

Pablo considera un misterio el propósito de Dios para con ellos. En Romanos 11:25 escribió:

Porque no quiero, hermanos, que ignoréis este misterio, para que no seáis arrogantes en cuanto a vosotros mismos: que ha acontecido a Israel endurecimiento en parte, hasta que haya entrado la plenitud de los gentiles.

Aunque judío, Pablo, al recibir su lugar como apóstol, fue enviado a los gentiles. Algunos dicen que Pablo decidió evangelizar el mundo gentil solo luego de ser rechazado por sus hermanos judíos. Desalentado, dicen, Pablo se ofendió por su falta de éxito con los judíos. Esto simplemente no es verdad. Es más, Pablo estaba lleno de dolor por su pueblo. Hasta escribió de ir al infierno, perder su salvación eterna, si esto significaba que los judíos aceptaran a Cristo. En Romanos 9:1-4 escribió:

> Verdad digo en Cristo, no miento, y mi conciencia me da testimonio en el Espíritu Santo, que tengo gran tristeza y continuo dolor en mi corazón. Porque deseara yo mismo ser anatema, separado de Cristo, por amor a mis hermanos, los que son mis parientes según la carne; que son israelitas, de los cuales son la adopción, la gloria, el pacto, la promulgación de la ley, el culto y las promesas.

Hay judíos que han sido salvos, y son salvos todavía. Pero en su vasta mayoría están ciegos por la incredulidad. En lo nacional, están en sendos problemas. Por todo su alrededor están aquellos que quieren exterminarlos. Una creciente ola de antisemitismo barre al mundo. Al escribir este libro, Siria e Irán están preparados para hacerles la guerra. El Socialismo Nacional (el movimiento nazi en Alemania) crece en la Unión Europea y en los Estados Unidos, desde blogueros que hablan de los Estados Unidos de América con el epíteto, los "Estados Unidos de Israel",[3] a comentaristas de noticias que sin descansar desfiguran anuncios a favor de Israel,[4] hasta altos funcionarios de la rama ejecutiva del gobierno de EE. UU. que rotundamente ignoran una petición para reunirse de parte del primer ministro. Los ciudadanos estadounidenses se han apartado de su solidaridad con el aliado más fiel que tienen en esa región.

¿Quién puede olvidarse del Holocausto? Todavía me persiguen las imágenes de los cuerpos esqueléticos amontonados sin compasión en los campos de concentración de Dachau y Buchenwald; las fosas comunes del campamento Bergen-Belsen; y los prisioneros hambrientos y casi desnudos que se encontraron después de la primavera detrás de las verjas de campo de concentración de Mauthasen. Hubo una vez cuando negar el Holocausto era relegado a los movimientos neonazis o de supremacía blanca. Hoy, líderes respetados en todo el mundo construyen plataformas políticas antisemíticas y antioccidentales, que niegan la existencia del Holocausto. Una encuesta realizada en la Universidad de Haifa en 2008 mostró que el 40.5 por ciento de los árabes israelíes niegan que el Holocausto realmente ocurrió.[5]

Ahora, yo creo que debemos apoyar la existencia de un estado judío, pero no solo por el Holocausto; esto lo traigo a manera de ilustración. El movimiento sionista ha estado en su apogeo desde mucho antes de la Segunda Guerra Mundial, pero fue el Holocausto que solidificó la opinión mundial de que los judíos necesitaban un lugar donde pudieran estar a salvo. Negar el Holocausto y tratar de convencer a otros que nunca existió, no solo es un ataque contra el pueblo judío, es un ataque contra el concepto básico de su derecho a existir.

Pero, ¿eso es todo? Debemos continuar apoyando a un estado judío solo para disminuir las probabilidades de un holocausto futuro? ¡No! ¡Absolutamente, no! Aún más, igual que hemos señalado a otras pruebas físicas como testimonio de la verdad de la Palabra de Dios, también lo es la existencia continua e invencible del pueblo judío.

EL PASADO MISTERIOSO

Normalmente se asume que el pueblo judío nació como por arte de magia con el llamado de Abraham. No es ese el caso. Mucho antes que fueran llamados judíos, o israelitas, eran conocidos como "hebreos". Esta palabra proviene de Sem, el hijo de Noé. En Génesis 10:21 se le conoce como "el padre de todos los hijos de Heber". Abraham fue el tátara-tátara-tátara-nieto de Eber, y a pesar de que había cuatro generaciones de por medio, Eber vivió doscientos años más después del nacimiento de Abraham. Recuerde también que Abraham mismo solo tenía sesenta y nueve años cuando murió Noé. El padre de Noé hablaba con Adán, y Abraham habló con Noé.

Después del diluvio la familia de Sem pobló el área que es hoy Irán e Iraq. Las ruinas de Ur están a unas doscientas veinte millas (354 km) al sureste de Bagdad. La excavación de la ciudad es visible aún. Era una ciudad rica, y según descubrimientos de Charles Leonard Woolley en su libro *Abraham: Recent Discoveries and Hebrew Origins* (Abraham: Descubrimientos recientes y los orígenes hebreos), la adoración a Ur, el dios de la ciudad, Nannar, el dios de la luna, y su consorte Ningal era un negocio grande. Woolley describe en detalles minuciosos los templos sagrados de la ciudad donde figuraban los famosos "zigurat", y los edificios erigidos al dios de la luna y su consorte, con una descripción de los rituales. La familia de Abraham (entonces Abram) era parte de ese negocio. Dios llamó a Abram a salir de esa ciudad, de ese país, y lejos de su familia a una nueva tierra (Génesis 12:1-3).

No sabemos por qué Dios escogió esta rama de la familia en particular. La motivación de Dios continúa siendo un misterio. Deuteronomio 7:7 dice que "No por ser vosotros más que todos los pueblos os ha querido Jehová y os ha escogido, pues vosotros erais el más insignificante de todos los pueblos". Sin embargo, también es claro que los descendientes de Abraham fueron escogidos como una nación especial en la tierra por encima de todos los demás pueblos. En sí ellos no eran especiales, pero la elección de Dios los hizo especiales. Ellos debían ser el pueblo a través del cual Él hablara a su mundo, y a través del que Él vendría al mundo.

Israel no era más justo que las demás naciones. He oído a predicadores decir que la razón por la que Dios dio a los hebreos la tierra prometida fue porque demostraron ser justos. Pero en Deuteronomio 9:6 leemos que no era así. Es más, lee así:

> Por tanto, sabe que no es por tu justicia que Jehová tu Dios te da esta buena tierra para tomarla; porque pueblo duro de cerviz eres tú.

No, fue el amor de Dios y su soberana voluntad que dio la tierra y los pactos al pueblo de Israel.

Por último, Dios no dio la tierra a los judíos en Deuteronomio, antes de entrar en ella. No, la tierra ya se le había dado a Abraham incondicionalmente en Génesis 15:18-21, donde leemos:

> En aquel día hizo Jehová un pacto con Abram, diciendo: A tu descendencia daré esta tierra, desde el río de Egipto hasta el río grande, el río Éufrates; la tierra de los ceneos, los cenezeos, los cadmoneos, los heteos, los ferezeos, los refaítas, los amorreos, los cananeos, los gergeseos y los jebuseos.

Más de ciento cuarenta pasajes en el Antiguo Testamento confirman que la tierra había sido dada a los hijos de Israel.

El hijo privilegiado

La elección especial de Dios de Israel, les otorgó ciertos privilegios. En la sección pasada hablé de dos de ellos, pero en Romanos 9:4-5, el apóstol Pablo dice esto:

> [A los] que son israelitas, de los cuales son la adopción, la gloria, el pacto, la promulgación de la ley, el culto y las promesas; de quienes son los patriarcas, y de los cuales,

según la carne, vino Cristo, el cual es Dios sobre todas las cosas, bendito por los siglos. Amén.
—COMENTARIO DEL AUTOR EN CORCHETE

¡Esta es toda una lista! ¿Cuáles son las promesas?

Adopción

La adopción por lo regular no la entendemos muy bien según la palabra se usa en la Biblia. En los Estados Unidos y otros países del primer mundo vemos la adopción como una buena obra, y hasta un ministerio de amor. Y lo es. Sin embargo, la mentalidad del primer siglo hubiera entendido la palabra *adopción* de una manera diferente a nosotros.

Entiéndase que el adoptado no se consideraba adoptado en el sentido de que era inferior, o diferente a los hijos biológicos de la familia. El hijo adoptado tenía todos los mismos privilegios y derechos que sus hermanos. A la mayoría de edad, el hijo adoptado podía hacer negocios en nombre de su familia. Esto no nos parece extraño a nosotros, pero sí es importante entender que un hijo biológico cuya paternidad era sospechosa, puede que no tuviera esos mismos privilegios. También es importante notar que se le podía dar un regalo especial al hijo adoptado en la herencia familiar. Pero el aspecto más importante al entender la adopción en la mentalidad del primer siglo es esto: el hijo del hijo adoptado era considerado pariente de sangre para el resto de la familia.

Al considerar la adopción, somos guiados a entender el concepto de la ciencia del injerto. En Romanos 11:17 Pablo dijo esto acerca del cristiano:

> Pues si algunas de las ramas fueron desgajadas, y tú, siendo olivo silvestre, has sido injertado en lugar de ellas, y has sido hecho participante de la raíz y de la rica savia del olivo.

Un injerto es el proceso de unir un tallo o un capullo deseable de una planta (el vástago), con un tallo más fuerte pero indeseable de otra planta (el tronco). Esto le da al vástago un sistema de raíz más fuerte de lo que por sí mismo hubiera tenido. El asunto, sin embargo, es que cuando la pulpa del vástago se pega al tronco, los dos se entretejen a tal punto que puede ser imposible distinguir donde uno termina y empieza el otro. Igual sucede con la adopción física. En la mente de Dios, la adopción no es traer a un niño a su casa y cuidarlo. Es injertar a alguien en usted que no es suyo (o en el caso de Abraham, todo un linaje), de tal manera que sea imposible zafar el vástago del tronco.

Ese fue el privilegio dado a Israel. Dios lo sacó de la oscuridad, le dio un lugar especial entre todos los pueblos del mundo, y una tierra para la eternidad. Los israelitas salieron de la orfandad y recibieron de Dios una especial adopción.

Gloria

El Shekinah, o la presencia de Dios que mora, primero vino a la tierra cuando moró con los israelitas en el desierto. Debemos tener mucho cuidado para entender esto. El Shekinah no es una idea abstracta. No es, como otros creen, similar al Sophia, o sabiduría, como lo entienden algunos movimientos cristianos marginales, y hasta de la nueva era. El Shekinah es la presencia literal de Dios. Éxodo 40:340-35 nos dice:

> Entonces una nube cubrió el tabernáculo de reunión, y la gloria de Jehová llenó el tabernáculo. Y no podía Moisés entrar en el tabernáculo de reunión, porque la nube estaba sobre él, y la gloria de Jehová lo llenaba.

Esta era una presencia intensa y constante, no simplemente un sentimiento agradable, o un entendimiento especial. Esta gloria que moraba entre ellos fue un prefacio y presagio de la presencia interna del Espíritu Santo de Dios en nuestras vidas hoy. Ese don especial fue dado primero a los judíos.

Los pactos

A través del Antiguo Testamento Dios hizo promesas, y estas siempre estaban unidas a un pacto. Bien sea el pacto con Adán, Noé, Isaac, o Jacob, o el pacto con Moisés para establecer la ley, el sacerdocio, o la nación, o el pacto con David, las promesas de Dios siempre estaban ligadas a un pacto. A veces esos pactos eran condicionales; Dios hizo promesas de bendición siempre y cuando la otra parte aceptara los términos. A veces esas promesas eren eternas e incondicionales. Una de esas promesas incondicionales está en el pacto con Abraham que se encuentra en los capítulos 12 y 15 de Génesis. Dios promete a Abraham y a su descendencia la tierra de Israel sin condiciones.

Nosotros vivimos ahora bajo un nuevo pacto, pero ese pacto no simplemente cancela los demás pactos. Es más, en la Biblia, todo pacto sucesivo se basa sobre el pacto anterior. Finalmente, todos miran atrás, a la promesa de Dios en el Huerto del Edén y luego al pacto con Abraham, y éstos a su vez, señalan hacia la obra redentora de Jesús como el vehículo de nuestra salvación.

La ley

El fundamento mismo de todo gobierno humano es la ley de Dios. El gobierno puede hacer todo lo posible por quitar los Diez Mandamientos de la plaza pública, pero Pablo no vacila en señalarnos en Romanos 2:15 que "la ley escrita en sus corazones, dando testimonio su (nuestra) conciencia".

Sí, la ley de Dios está escrita en nuestros corazones, pero la ley escrita nos llegó por el pueblo judío. Una vez codificada, ya no estaba abierta para ser interpretada. Los corazones humanos endurecidos ya no podían impunemente ir tras lo malo y llamarlo bueno. Esa Palabra escrita y preciosa, más que los Diez Mandamientos, y que David llamara "lámpara a mis pies y lumbrera a mi camino" (Sal. 119:105), entró a este mundo por el Espíritu Santo, y ha perdurado a través de los siglos gracias a la cuidadosa protección de los escribas judíos.

Y aunque no vivimos bajo la ley de Moisés en cuanto al sistema sacrificial como medio de salvación o justificación con Dios, sí observamos la ley como estándar divino. La ley nos señala nuestras debilidades y nuestra necesidad de un salvador.

El servicio

Junto con la ley, el sistema sacrificial señalaba no solo la profundidad y la anchura del pecado del hombre, sino la simple imposibilidad de hacer suficientes obras para redimirse a sí mismo. En esto, el sistema sacrificial señala a Cristo como el único y perfecto sacrificio que había de venir, y que no solo proveería redención y expiación, sino que también cumpliría a la perfección la imagen presagiada en el sistema sacrificial.

El Antiguo Testamento menciona cinco tipos de ofrenda básica: el holocausto, la ofrenda vegetal, la ofrenda de paz, la ofrenda por el pecado, y la ofrenda de yerro. En el contexto de cada ofrenda había tres participantes: el sacerdote, la ofrenda, y el que ofrendaba. Cada sacrificio tenía sus propias instrucciones acerca de lo que se podía o no se podía ofrecer, el propósito de cada ofrenda, y quién (Dios, el sacerdote, o el que ofrendaba) recibiría cuál porción.

Al juntarlas todas, estas ofrendas nos dan colectivamente un cuadro de Cristo. Un sacrificio por sí solo no podía representar adecuadamente la maravilla de su venida y sacrificio. Es más, en el perfecto sacrificio de Cristo, Jesús ocupó el lugar de sacerdote, ofrenda, ofrecedor, pues no podría haber sacerdote mayor, ofrenda más perfecta, y ofrecedor de más puro corazón. En Ezequiel 45:17 leemos, "él dispondrá la expiación, la ofrenda, el holocausto y las ofrendas de paz, para hacer expiación por la casa de Israel". Y eso lo hizo Jesús.

Las promesas

Cuando mencionamos los pactos anteriormente, hablé de las promesas que Dios dio. Mientras que los pactos casi siempre fueron hechos con personas específicas, las promesas siempre fueron "para ti y tus descendientes" (Génesis 17:7). El pueblo judío fue el primer heredero de las promesas de Dios. Entre ellas que serían "una gran nación", que recibirían propiedad perpetua de toda la tierra desde Egipto hasta el Éufrates, y que serían "propiedad especial" de Dios y un reino de sacerdotes y una nación santa.

La promesa más importante de todas fue la esperanza de la venida del Mesías, y un mejor día cuando Dios mismo reinaría como Rey sobre Israel. Estas promesas, entre otras, han sostenido la identidad judía a través de pruebas, tribulaciones, persecución, y sufrimientos.

Cristo

Dos de los evangelios hacen hincapié en establecer el linaje de Cristo. Mateo lo traza desde Abraham, mientras que Lucas lo lleva hasta Adán. Es interesante que Mateo, que escribió su evangelio enfocándose en los judíos y enfatizando el papel de Jesús como el Mesías, tuvo cuidado de incluir no solo los miembros judíos del árbol familiar de Jesús, sino también los gentiles (Rut y Rahab) y las prostitutas (Tamar y, de nuevo, Rahab). Esto lo explicaré más adelante.

Lo que es más significativo es que la genealogía de Jesús parece un "Quién es quién" del pueblo judío. Presentes en el linaje están Abraham, Isaac, y Jacob, cuatro generaciones desde Abraham hasta Jesús, repletas de una plétora de nombres importantes. ¡Jesús era judío de judíos!

El gran privilegio no era que Jesús hubiera venido *por* ellos sino también que el Mesías vino *a* ellos. El apóstol Juan dice en su evangelio que Jesús "a los suyos vino", pero, inconcebiblemente, "los suyos no le recibieron" (Juan 1:11). Por eso leemos en Romanos 11:3-7 que los judíos pecaron contra Dios y renunciaron a estos privilegios.

LA CARGA INCONCEBIBLE

En Romanos 11:1, Pablo escribe inspiradoras palabras de consuelo cuando dice: "Digo, pues: ¿Ha desechado Dios a su pueblo? En ninguna manera". Pero hay límites y estipulaciones en esa afirmación. Sin embargo, cuando seguimos leyendo Romanos 11, Pablo escribe lo que, en mi opinión, son las palabras más tristes de toda la Escritura. En los versículos 7-8 escribe:

> ¿Qué pues? Lo que buscaba Israel, no lo ha alcanzado; pero los escogidos sí lo han alcanzado, y los demás fueron endurecidos; como está escrito: Dios les dio espíritu de estupor, ojos con que no vean y oídos con que no oigan, hasta el día de hoy.

Todos los siglos de espera y estudio de la Torá, todos los comentarios rabínicos, y los comentarios de los comentarios, buscando indicios de su precioso Mesías fueron perdidos. "Lo que buscaban no lo alcanzaron", dice Pablo, pero otros, sí lo alcanzaron. Pablo hasta cita las palabras de Moisés, su atesorado proveedor de la ley, y de David, su más preciado rey terrenal, cuando dice que ellos recibieron "ojos con que no vean y oídos con que no oigan, hasta el día de hoy" (Deuteronomio 29:4), y su convite se volvió "en trampa y en red, en tropezadero y en retribución" (Romanos 11:9; vea también Salmo 69:22).

En estos versículos vemos una nación ciega. Con excepción de un grupo selecto, están ciegos y sordos, cargados por su rechazo del Mesías. Viven en tinieblas en cuanto al evangelio.

Y aún esto está dentro del propósito soberano de Dios. No se atreva a creer que aquellos que dicen que la iglesia ha sustituido al pueblo judío, o que los judíos no tienen esperanza. Pablo continúa, y en Romanos 11 dice dos cosas extraordinariamente importantes. Él dice: "Digo, pues: ¿Han tropezado los de Israel para que cayesen? En ninguna manera". ¡Aleluya! Dios no ha dejado sin esperanza a sus escogidos.

Pero Pablo afirma algo todavía más sombrío. Dice que no solo los judíos no caerán por completo, sino que "por su transgresión vino la salvación a los gentiles, para provocarles a celos. Y si su transgresión es la riqueza del mundo, y su defección la riqueza de los gentiles, ¿cuánto más su plena restauración?" (Romanos 11:11-12). Sí, ha leído usted bien. Su rechazo es el vehículo de reconciliación del mundo. Su pobreza trae riquezas al mundo entero. No solo la iglesia tiene que agradecer a los judíos su salvación, sino que según Pablo, inspirado por el Espíritu Sato, su transgresión es beneficio para todo el mundo, y por eso, su recompensa final será grande.

Hasta que

En gran parte, en su temprana historia y aún hoy, los judíos se han visto solos. Los hijos de Abraham han sobrevivido cautiverio, persecuciones, y holocaustos, de asirios, babilonios, romanos, nazi, y comunistas. En un momento u otro, todos han buscado su extinción, pero los judíos sobreviven como testimonio del poder de Dios. Yo pregunto, como hizo Mark Twain: ¿Cuál es el secreto de su inmortalidad?

El secreto es Dios. Dios prometió su preservación. En Jeremías 31:34-37 el profeta declara la palabra de Dios al pueblo:

> Y no enseñará más ninguno a su prójimo, ni ninguno a su hermano, diciendo: Conoce a Jehová; porque todos me conocerán, desde el más pequeño de ellos hasta el más grande, dice Jehová; porque perdonaré la maldad de ellos, y no me acordaré más de su pecado.
>
> Así ha dicho Jehová, que da el sol para luz del día, las leyes de la luna y de las estrellas para luz de la noche, que

parte el mar, y braman sus ondas; Jehová de los ejércitos es su nombre: Si faltaren estas leyes delante de mí, dice Jehová, también la descendencia de Israel faltará para no ser nación delante de mí eternamente. Así ha dicho Jehová: Si los cielos arriba se pueden medir, y explorarse abajo los fundamentos de la tierra, también yo desecharé toda la descendencia de Israel por todo lo que hicieron, dice Jehová.

Dios dice que lo único que causaría que los judíos dejen de existir no solo como nación, sino como su pueblo escogido, es, si el sol deja de brillar, las estrellas se apagan, y las olas del mar no bramen; si los cielos se no pueden medir, y la tierra literalmente se queme. Tal es su devoción a sus escogidos. El amor de Dios por Israel es un amor eterno.

Cuando los árabes atacaron a los judíos en 1948, el Secretario de Estado de EE. UU. George Marshall dijo: "En quince días no quedará un judío vivo en Palestina". Luego en 1967, Egipto, Jordania, Siria, Iraq, Arabia Saudita, Moroco, Algeria, Libia, Tunisia, Sudán, y otros miembros de la Organización para la Liberación Palestina y la fuerza expedicionaria árabe atacaron el estado judío. En solo seis cortos días, los judíos, que eran sobrepasados en proporción de diez a uno, ganaron la guerra. Israel perdió unos 759 soldados[6] en esa guerra mientras que los ejércitos opuestos perdieron aproximadamente 17 000.[7] En 1973 Egipto atacó a Israel a través de la Península del Sinaí, y al final del conflicto, las Fuerzas de Defensa Israelí habían avanzado hasta llegar ¡a menos de sesenta millas (96.56 km) del Cairo!

LA ESPERANZA FUTURA

En este capítulo me he mantenido más que nada en Romanos 11 porque el entender correctamente esos pasajes de la carta de Pablo a la iglesia romana es crítico para poder entender la economía de Dios de la salvación en lo que concierne, no solo al judío, sino al gentil por igual. En ese pequeño capítulo hay mucho que puede ser causa de consternación, y hasta de burla, pero, acepte la verdad en las palabras de Pablo. Si lo hace, puede llegar al versículo 25 donde Pablo explícitamente declara que no debemos ser ignorantes de este misterio, para no ser arrogantes a nosotros mismos. Porque "ha acontecido a Israel endurecimiento en parte, hasta que haya entrado la plenitud de los gentiles". Esa frase *hasta que* es hermosa. Ellos están endurecidos ahora, y continuarán así, hasta que algo suceda: la plenitud de los gentiles. Este no es el lugar para considerar esta frase misteriosa; lo importante es la próxima frase escrita por Pablo: él habla de la dureza que permanecerá solamente hasta que entre la "plenitud de los gentiles", y entonces dice en el versículo 26: "Y luego todo Israel será salvo".

Esto ocurrirá durante los últimos tiempos. Caerán las escamas de los ojos de los judíos después del rapto, y en medio de ese grande y postrer holocausto, Israel recibirá su Mesías. Zacarías 12:9-14:20 describe ese día: En aquel día terrible Jesús afirmará sus pies sobre el Monte de los Olivos y lo partirá por el medio haciendo un valle muy grande en Israel. La noche será como el día. Jesús destruirá las naciones que ataquen a Jerusalén, y después derramará sobre la casa de David y todos los habitantes de la tierra espíritu de gracia y de súplica. Pondrán sus ojos sobre Él, el que hirieron, y llorarán por Él como se llora por un hijo único. Y le preguntarán: ¿Qué heridas son estas en tu cuerpo? Y Jesús dirá: Con ellas fui herido en casa de mis amigos (vea 13:6). Le verán por sí mismo y le adorarán.

El valle de los huesos secos cobrará vida como un numeroso ejército del evangelio. Las naciones opuestas serán destruidas por completo. Y entonces todas las naciones serán juzgadas según trataron a Israel (vea Mateo 25). Sí, los hijos de Abraham sobrevivirán para dar la bienvenida a Jesús como el novio de la iglesia y el Mesías de Israel.

El misterio revelado

Este capítulo tiene lo que en una película sería un final inesperado. No voy a pedirle que lo haga ahora, pero léalo de nuevo, y cada vez que vea la palabra *Israel*, sustitúyala con la palabra *usted*. Verá, si usted está en Cristo, todas esas promesas se le aplican. Si usted está en Cristo, todas las bendiciones se le aplican. Permítame resumir.

Igual que Dios no escogió a Israel porque hayan hecho nada bien, sucede con usted. Usted no se ha ganado el amor de Dios por su justicia, ni tampoco puede. Como tampoco puede por su testarudez, perderlo. Él le ama por causa de su Hijo.

Igual que Dios no dio a Israel la tierra prometida cuando estaban a orillas del Jordán, sino que se la había prometido mucho antes de nacer cuando se la prometió a Abraham su padre, así su promesa de un hogar celestial es suya desde antes que fuera formada la tierra. Y por haber aceptado a Cristo, usted ahora es coheredero con Abraham. ¿Cómo?

¡Porque usted es de Dios por *adopción!* Lea esa sección de nuevo y entienda cuán inextricablemente Dios le ha traído a ser parte de su familia. Por eso, usted ha recibido la *gloria* de Dios que mora en usted, el precioso Espíritu Santo. Por eso, usted es partícipe de las promesas de sus *pactos*. Este cambio le permite amar su ley e imitar la actitud de *servicio* que le fue mostrada, haciéndose usted mismo un sacrificio vivo para recibir no solo las *promesas* del pasado sino también del futuro. Y como los gentiles y las rameras en el linaje de *Cristo*, usted ha sido recibido por Dios. No tiene que esconderse porque Dios le ha hecho una nueva creación.

El misterio de la sobrevivencia de Israel no es solo que hayan sobrevivido, sino que su sobrevivencia es un cuadro vivo de que en Cristo usted vivirá y no morirá. Su vida tiene significado y está llena de propósito. Dios le hizo, le escogió, y le amó desde la fundación del mundo, y no hay persecución, tribulación, o prueba que le arrebate de Sus manos. En Cristo usted es un hijo del Rey. Somos príncipes y princesas, reales sacerdotes y herederos de todo lo que Dios tiene para dar. ¡No renuncie a sus privilegios!

Capítulo 20

El MISTERIO de la
INIQUIDAD y el ANTICRISTO

ARK DAVID CHAPMAN había adorado a John Lennon
por quince años. Es casi inexplicable, entonces, que
el 8 de diciembre de 1980, solo horas después de
haberle pedido su autógrafo, Chapman, delante del edificio
Dakota disparó su revólver calibre .38 cinco veces, hiriendo a
Lennon en la espalda con cuatro balas de punto hueco. Poco
después del asesinato, el pequeño hijo de Lennon, Sean, preguntaba por qué ese hombre había matado a su papá.

En diciembre de 2008, el cuerpo de Caylee Anthony, de dos
años, fue encontrado a un cuarto de milla (402.3 m) de su hogar
en Orlando, Florida.[1] Su abuela había reportado su desapari-
ción.[2] La sospechosa principal, su propia madre, Casey Anthony
fue declarada no culpable luego de seis semanas de juicio.[3] Todavía, el mundo se pregunta, ¿qué pasó? ¿Quién puede haberle
hecho esto a la pequeña Caylee, y más importante, por qué?

El público se había reunido en una tienda de suministros
Safeway en Tucson, Arizona para ver a su representante en la
cámara de gobierno, Gabrielle Giffords. De pronto, unos esta-
llidos interrumpieron la charla cuando un atacante, Jared Lee
Lougner, abrió fuego. Los espectadores pudieron dominar a
Loughner, pero la escalofriante obra ya estaba hecha. Entre los
muertos se encontraban el juez federal John Roll, y una niña de
nueve años, Christina Taylor-Green. La representante Giffords,
que era el blanco intencionado, sostuvo daños serios en la
cabeza, luego de haber recibido un balazo a quemarropa.[4]

El expresidente iraní, Mahmoud Ahmadinejad dijo al reportero Piers Morgan en una entrevista: "Estoy enamorado de toda la humanidad".[5] Pero este es el mismo hombre que dijo: "Gracias al deseo de la gente, y la voluntad de Dios, la tendencia de la existencia del régimen sionista es hacia abajo, y esto es lo que Dios prometió y las naciones quieren. Tal como la Unión Soviética fue barrida y ya no existe, el régimen sionista también desaparecerá pronto".[6] Asimismo, al ser entrevistado por Christiane Amanpur, mintió rotundamente acerca de la sentencia de Sakineh Ashtiani, diciendo que una sentencia de apedreamiento nunca fue emitida.[7] Como líder político de Irán, la responsabilidad del trato de ciudadanos iraníes, se detenía en su escritorio, sin embargo tomaría volúmenes tratar de citar todas las violaciones a los derechos humanos en Irán.

En China y en Tibet, entre 1949 y 1969, el presidente Mao Zedong hizo matar a setenta y cinco millones de sus conciudadanos.[8] Hitler fue responsable no solo de la muerte de judíos, sino también de otros ciudadanos civiles durante la Segunda Guerra Mundial, unos doce millones de almas.[9] Leopoldo II de Bélgica, hizo matar a ocho millones de ciudadanos del Congo.[10] Joseph Stalin hizo matar más de seis millones de ciudadanos rusos durante las gulags y el hambre controlada.[11] Pol Pot de Cambodia añadió dos millones de personas a su total de muertes.[12] Slobodan Milosevic mató a cientos de miles de ciudadanos en Yugoslavia.[13]

¿Por qué? No solo estos crímenes, sino incontables otros despiertan preguntas que nos dejan perplejos. Las noticias a diario relatan atrocidades incomprensibles, y solo nos queda preguntar: ¿Por qué? Un mundo abandonado a sus propias estrategias no tiene la respuesta. Ni el ateo, ni el humanista, ni el relativista, ni el pragmático pueden responder. Solo pueden llamar la "maldad" una "enfermedad", y de alguna forma convertir al criminal en víctima, y esconder con efectividad todo el problema debajo de la alfombra.

Pablo llamó a esto, "el misterio de la iniquidad" (2 Tes. 27). La maldad es un misterio, y su origen ha sido cuestionado a través de toda la historia conocida. La maldad la da a luz el pecado. Comenzó cuando Lucifer pronunció su "seré" (Isa. 14:13-14), y su rebeldía fue desde sus labios hasta el corazón de la humanidad. Y todavía solo tenemos un ¿por qué? La maldad todavía es un misterio.

Es misteriosa por su falsedad. Una y otra vez la gente sigue el mismo camino del pecado. ¿Cuántas veces escuchamos al criminal convicto, o al adicto en recuperación decir: "Pensé que podía vencerlo?". El músico Carlos Whittaker cuenta haberse encontrado con un hombre que había venido a su pueblo para rehacer su vida. Dos años antes había abusado sexualmente de su hijastra de diez años. Whittaker contó que el hombre le dijo que su pecado había escalado de la pornografía, a las prostitutas, hasta la agresión sexual en solo dos años.

La maldad es misteriosa por su destrucción. ¿Cuántos anuncios comerciales contra el alcohol y las drogas hemos visto durante las últimas décadas? Y sin embargo, cada noche montones de personas son arrestadas por conducir bajo la influencia del alcohol y las drogas, y lo que es peor, matándose a sí mismos, o a otros por su influencia.

La maldad es misteriosa por su devastación. Aun a la luz de todo esto, parece que la humanidad no puede dejar de pecar. Somos tan malvados hoy como lo fuimos desde siempre, a pesar del llamado progreso. Formulamos programa tras programa para combatir el uso de las drogas, del alcohol, la pobreza, la ilegitimidad, y todo tipo de iniquidad, pero todos fracasan. Santiago dice que "cada uno es tentado, cuando de su propia concupiscencia es atraído y seducido. Entonces la concupiscencia, después que ha concebido, da a luz el pecado; y el pecado, siendo consumado, da a luz la muerte" (Santiago 1:14-15).

Ya que no pueden proveer soluciones a los problemas, los

pensadores modernos han dado otro nombre al pecado para que el hombre no se sienta tan culpable. Un borracho ahora tiene la enfermedad del alcoholismo. Un adúltero ahora puede ser llamado adicto al sexo, y es de esperar que sintamos simpatía por el culpable, en vez de por aquellos que sufren a causa de su infidelidad, y llamamos el acto, un amorío. El robarse los ahorros de sus clientes ahora se llama "mal uso de fondos". Un giro político que pronto se convierte en una mentira obvia resulta en que el mentiroso ha sido encasquetado con una "brecha de credibilidad". Un pedófilo puede ser casi exculpado de sus crímenes cuando se descubre que también él fue abusado sexualmente cuando niño. Hasta un asesino puede echarle la culpa de su crimen a la mala alimentación, y con ligereza acusamos las panetelas y los refrescos.

El hombre puede decorar su pecado con nombres nuevos, pero el vil resultado queda visible. Sus esfuerzos para negarlo son fútiles, pero seguimos tratando. ¿Por qué lo hacemos? Es un horrible misterio.

Tesalónica

Vivimos en un mundo maldecido por el pecado. El justo sufre con el injusto (o dicho mas adecuadamente, el *justificado* sufre con el injusto). ¿Por qué es eso? ¿Es justo? Hay una rama de la teología llamada "teodicea" que toca esas y otras preguntas similares. No voy a tocarlas aquí. Quiero enfocarme, no en el problema del pecado, sino en su existencia, la fascinación del hombre con él, y su incapacidad de escaparse de él.

En la segunda carta a la iglesia en Tesalónica, Pablo escribe de un período de iniquidad que, en comparación, iban a hacer palidecer a otras eras pasadas de pecado. En comparación, las obras de Mao, Hitler, Stalin, y otros como ellos parecerán pasos tímidos hacia la maldad. Este periodo tendría lugar cerca del tiempo del retorno de Cristo. Pablo escribe:

Pero con respecto a la venida de nuestro Señor Jesucristo, y nuestra reunión con él, os rogamos, hermanos, que no os dejéis mover fácilmente de vuestro modo de pensar, ni os conturbéis, ni por espíritu, ni por palabra, ni por carta como si fuera nuestra, en el sentido de que el día del Señor está cerca. Nadie os engañe en ninguna manera; porque no vendrá sin que antes *venga la apostasía*, y se manifieste *el hombre de pecado*, el hijo de perdición, el cual se opone y se levanta contra todo lo que se llama Dios o es objeto de culto; tanto que *se sienta en el templo de Dios como Dios*, haciéndose pasar por Dios.

¿No os acordáis que cuando yo estaba todavía con vosotros, os decía esto? Y ahora vosotros sabéis lo que lo detiene, a fin de que a su debido tiempo se manifieste. Porque ya está en acción el *misterio de la iniquidad*; sólo que hay quien al presente lo detiene, hasta que él a su vez sea quitado de en medio. Y entonces *se manifestará aquel inicuo*, a quien el Señor matará con el espíritu de su boca, y destruirá con el resplandor de su venida; inicuo cuyo advenimiento es por obra de Satanás, con gran poder y señales y prodigios mentirosos, y con todo engaño de iniquidad para los que se pierden, por cuanto no recibieron el amor de la verdad para ser salvos.

—2 TESALONICENSES 2:1-10, ÉNFASIS AÑADIDO

Muchos se burlan de la idea de tal persona. Que pueda levantarse un hombre de tal forma que controle tanto del mundo conocido, y ser tan malvado, dicen, es cosa de cuento de hadas. Cuando dicen esto les señalo dos líderes mundiales: Adolfo Hitler y Barack Obama.

Antes de proceder permítame decir algo: No creo de manera alguna que Barack Obama es el anticristo, ni lo comparo política o socialmente con Adolfo Hitler. Solo me refiero a su subida al poder.

A principios del siglo XX, una de las republicas más poderosas en el mundo, aún más que los Estados Unidos, era Alemania, llamada la República Weimar. Vino una crisis financiera, y el valor de su moneda, el *reichsmark*, se hundió. En 1919, un simple cabo del ejército, sin educación formal ni prospectos de carrera, y esperando quedarse en el ejército el mayor tiempo posible, aceptó un nombramiento para infiltrar el Partido Laboral Alemano (DAP). Allí adoptó la ideología nacionalista y antisemítica de su fundador, Anton Drexler. Comenzó a hablar en bares locales, y su carisma natural y habilidad para hablar le ganó legiones de admiradores. En menos de dos años, Hitler asumió el liderazgo del partido, ya renombrado el Partido Nacional Socialista de Trabajadores Alemanes (NSDAP). Fue entonces que tomó el nombre de "der Fuehrer". Luego de cumplir dos sentencias en prisión, una por interrumpir una reunión gubernamental y otra por tratar de deponer al gobierno alemán, fue puesto en libertad y comenzó su ascenso político. Para el 1932, había sido elegido canciller de Alemania. En menos de dos décadas, Adolfo Hitler fue de soldado sin educación ni prospectos, agarrándose a la vida en el ejército, a uno de los hombres más poderosos del planeta.

Levantándose de una relativa oscuridad, el abogado y organizador comunitario Barack Obama fue elegido en 1996 a un puesto en el senado del estado de Illinois. En 1999 se postuló para el Congreso, pero una asistencia pobre y otros asuntos causaron su derrota. En 2004, Obama ganó los comicios primarios de Illinois para obtener una oportunidad de ganar el puesto de senador nacional. Su oponente, Jack Ryan, abandonó la carrera en medio de varios escándalos sexuales. Eventualmente, Obama ganaría contra su contrincante republicano, Alan Keyes.

Fue su discurso en la Convención Demócrata Nacional de 2004 que lanzó al entonces senador Obama a la luz pública internacional. Su carisma y habilidad para hablar cautivó a los asistentes. Recuerdo estar sentado en la sala de mi casa mirando la convención y escuchando su discurso, y pensé para mí: "No hay nada que impida que este hombre llegue a la presidencia un día".

Fuera de Illinois, su nombre apenas era conocido, pero después de aquella convención, el nombre Barack Obama estaba en los labios de todos los políticos de la nación. Esto fue en 2004.

Apenas dos años después, el senador Obama anunció su campaña para la presidencia. Muchos consideraron que su elección estaba en el bolsillo desde el principio. Sus discursos hechizaron las multitudes en toda parada que hacía y asamblea que visitaba. En noviembre de 2008, cuatro cortos años después del discurso en la convención demócrata, Obama ganó la presidencia de los Estados Unidos con el 52.9 por ciento de los comicios, aplastando a John McCain con casi diez millones de votos populares y barriendo el voto electoral con más de doscientos votos por encima de su contrincante. En las elecciones del segundo período, nuevamente, el presidente Barack Obama fue reelegido por aún otra victoria aplastante.

Esto sucedió en menos de una década. Y estos dos hombres no son los únicos ejemplos, pero en mi opinión, los más extremos. En simple papel, ningún candidato tenía ni los requerimientos ni la experiencia para alcanzar la posición, pero la alcanzaron, y lo hicieron con rapidez. Así que cuando alguien me dice que un hombre no puede levantarse de la oscuridad a un puesto de poder como lo describe Pablo, le señalo a las páginas de la historia y digo: "Ya sucedió".

Así que la posibilidad de la existencia de tal hombre es real. Pero, ¿qué más dijo Pablo que podría suceder?

La iglesia en Tesalónica sufría bajo la bota de la maldad. Los tiempos eran tan malos que algunos se preguntaban si se habían perdido el regreso de Jesús. Según Pablo, estaban conturbados, y movidos en su manera de pensar. La palabra que usa Pablo es una terminología náutica que significa, haber sido golpeado hasta soltarse del ancla. Los vientos turbulentos del pecado soplan hasta que el ancla de la fe se suelta. ¡La palabra *conturbar* significa aterrorizado! Puede entenderse el estado emocional de los cristianos de Tesalónica. Era tanto el miedo que tenían que habían comenzado a perder la fe. ¡Cuánta similitud con nuestros días! Lo reconozco, yo a veces miro al pecado a mi alrededor, y como corre sin frenos, y es a veces hasta endorsado por nuestro gobierno y por el mundo, y me siento tentado a cuestionar el amor de Dios para con nosotros. Y pregunto, ¿cómo puedes amarnos?

La maldad y el sufrimiento corren desenfrenados por nuestro mundo. Nos turba y nos aterra. Parece que estuviera totalmente descontrolado. Por todo el mundo el malvado prospera y el inocente sufre. Buscamos una razón, pero solo encontramos misterio.

El anticristo

Pablo nos dice que un día se revelará la fuente, el mismo origen de la iniquidad. Un día todas las cosas ocultas de las tinieblas, toda la vileza de la maldad, será puesta sobre un hombre. Ese hombre, el anticristo, reinará en este mundo y será amado como ningún otro líder antes que él. Prometerá paz, pero traerá destrucción. Prometerá prosperidad pero traerá pobreza. Más que eso, hará un pacto con Israel que quebrantará después. Entrará al templo reconstruido para sentarse sobre la tierra en el trono de Dios.

¿Cuándo sucederá esto? Pablo nos dice con claridad que esto solo ocurrirá después que hayamos sido rescatados en el rapto (2 Tes. 2:1), después de la gran apostasía (v.3), y después que sea reconstruido el templo judío (v.4). Ya hemos hablado del rapto, pero, ¿qué es esta "apostasía", o abandono de la fe?

A menudo se traduce *apostasía* como el abandono de la fe, y es una definición perfectamente aceptable. Pero la palabra que Pablo usa aquí es una terminología militar que significa, no el abandono de nuestro puesto, sino la reasignación de nuestro puesto. Así que lo que Pablo dice es que el hombre "de pecado" no será revelado hasta que nosotras hayamos sido recolocados de puesto. Esto se lo afirma dos veces a los tesalónicos, y a nosotros, que si la iglesia está aquí, no tenemos que temer al hijo de perdición, porque no se ha manifestado todavía. ¿Por qué? Porque para que se manifieste, nosotros tenemos que haber sido relocalizados a nuestro hogar celestial.

Pero nadie se equivoque, el hombre vendrá. Tal y como Dios envió a su Hijo, Satanás enviará al suyo, el hijo de perdición. El será la encarnación de todo lo que es inicuo y malvado. La palabra *maldad* es la palabra griega *sin ley*. Significa, sin principios. "hijo de perdición" es la misma frase usada en Juan 17:12 para referirse a Judas. El hijo de perdición está en contra de todo lo que Dios representa. Él se exaltará a sí mismo para hacerse Dios.

Sin embargo, por ahora la maldad es restringida. Pero aunque restringida, todavía presente, y el mismo espíritu que llenará y controlará al anticristo ya está trabajando. Y, ¿por qué está restringido? Porque está limitado por la presencia del a iglesia. Nosotros somos la luz que evita que el mundo sea tragado por las tinieblas. Nosotros somos la ciudad de refugio (Números 35:6-28) para el pecador sin esperanza.

Primer de Juan 4:1-3 declara que el anticristo ha de venir, pero que las fuerzas del mal ya están obrando. Si usted tiene principios inmorales, usted es "el inicuo". Si usted está en contra de lo que Dios representa, usted es el espíritu del anticristo. Si usted se niega a postrarse ante Dios, su lealtad está con Satanás. La Biblia dice, "¡Ay de los que a lo malo dicen bueno, y a lo bueno malo; que hacen de la luz tinieblas, y de las tinieblas luz; que ponen lo amargo dulce, y lo dulce amargo!" (Isa. 5:20). Pero cuando el anticristo sea revelado, eventualmente será claro que su poder, aunque sobrenatural, es de origen siniestro.

EL MISTERIO REVELADO

La revelación del malvado será eclipsada por la revelación de Jesucristo. El versículo 8 de 2 Tesalonicenses dice que el Señor matará al anticristo "con el espíritu de su boca", y destruirá al hijo de perdición con "el resplandor de su venida". Sí, la maldad opera hoy, pero en Cristo somos protegidos del temor a la maldad, porque "mayor es el que está en vosotros, que el que está en el mundo" (1 Juan 4:4). Con Cristo en nosotros, no solo podemos reconocer la maldad por lo que es, sino con el Espíritu Santo, podemos arrancarla de nuestras vidas. ¡Gloria a Dios por la victoria sobre el misterio de la iniquidad!

Capítulo 21

El MISTERIO *del* MUNDO ETERNO

HAY VECES QUE me siento viejo. No hace mucho tuve un episodio cardiaco grande, que me hizo hacer cambios significativos en mi estilo de vida. Mi salud ha mejorado considerablemente, y la mayoría de los días siento como si mi vida acaba de empezar. Pero aún así, hay días que me siento viejo, y a la misma vez siento que he vivido tanto, y he hecho tan poco, y me queda mucho por hacer. He visto en mi vida la explosión de la televisión y la computación en casa; he visto las computadoras reducirse del tamaño de una casa grande a un tamaño lo suficiente pequeño para que quepa en mi bolsillo; llevo conmigo un artefacto estilo tableta que tiene múltiples traducciones de la Biblia, volúmenes de comentarios bíblicos, diccionarios, léxicos, importantes obras teológicas de los héroes de la fe, mi lista completa de contactos, acceso al correo electrónico, la internet, y hasta un teléfono VoIP (Protocolo de internet de sobre voz), y juegos de video. Lleva menos espacio que las libretas de composición de mis años de universidad. Siento que he vivido mucho tiempo.

Sin embargo, toda mi vida es nada comparada con la eternidad. Verá usted, a veces nos ofuscamos con la vida y la muerte, y si es muy larga o muy corta para vivir, pero lo que hemos olvidado (sí, una de las mentiras más grandes de Satanás) es que no fuimos creados para este mundo. No, este planeta caído y corrupto, es solo el cascarón de lo que una vez fue, una burla de su gloria y perfección original. No fuimos creados para vivir vidas cortas en una tierra deslustrada.

Pero a la tierra iremos. No importa cuánto luchamos y trabajamos, la muerte viene; y como dijera Emily Dickinson, si no nos detenemos ante la muerte, la muerte, bondadosamente se detendrá ante nosotros. Se dice que estas cosas son inevitables: la muerte y los impuestos.

Pero, ¿es cierto?

LA VIDA Y LA MUERTE

El libro de Job fue escrito mucho antes que el libro de Génesis. Job hizo una pregunta que quedó para las edades cuando inquirió: "Si el hombre muriere, ¿volverá a vivir?" (Job 14:14). Cuatrocientos años más tarde Jesús respondería la pregunta ante la tumba de su amigo Lázaro cuando dijo: "Yo soy la resurrección y la vida; el que cree en mí, aunque esté muerto, vivirá" (Juan 11:25-26).

Jesús declaró que vendría el día cuando los cuerpos muertos de todos los que creen en Él resucitarían. Por supuesto, esto será en el momento del rapto, de lo cual ya hemos hablado. Sin embargo, merece repetir que parte de la herencia del creyente en ese momento es un cuerpo nuevo. Ese cuerpo nuevo es una bendición, pero también un requisito. El cielo y la eternidad no existen en la misma dimensión en que existimos ahora, y los cuerpos de carne y hueso que tenemos no pueden existir en las dimensiones celestes.

Además, Jesús alude a una generación que estará viva sobre la tierra en el momento de la resurrección, que no morirá. Esto lo secunda 1 Corintios 15:51, donde Pablo escribe: "He aquí, os digo un misterio: No todos dormiremos; pero todos seremos transformados". Esto sucederá a la velocidad de la luz. A menudo se dice que será "en un pestañear", pero lo que la frase significa realmente en 1 Corintios 15:52 es "más rápidamente que un pestañear". A menudo pensamos en un pestañear como algo que hace con mucha rapidez, y lo es. Al ojo humano le toma aproximadamente cuatro segundos pestañear. Pero, ¿sabía usted que a una pelota, viajando a noventa y cinco millas por hora (152.88 km) del guante del lanzador a la mano del receptor, le toma solo .395 segundos? Y la frase que se usa aquí es todavía más rápido. Es la frase que indica el destello de un relámpago, ¡esto es 186 000 millas (299 338 km) por segundo!

En ese momento recibiremos con gozo nuestro nuevo estado, que fue el que Dios siempre tuvo en mente para nosotros, y la mortalidad se vestirá de inmortalidad (1 Cor. 15:53), y la muerte no será más (1 Cor. 15:54-55). Nos hemos acostumbrado demasiado a aceptar la muerte. Ahora bien, no creo que un funeral tenga que ser algo sombrío en extremo, ni tampoco una fiesta. La muerte debe entenderse en su debido contexto, y aunque nos regocijamos porque un cristiano pase a estar con el Señor, debe haber en nosotros algo de ira, no porque un ser querido haya sido llevado, no, nuestra ira debe estar dirigida hacia nuestro enemigo el diablo; él trajo la muerte al mundo.

Orden en medio del caos

Vivimos en tiempos turbulentos y creo que el fin está cerca. He enseñado muchas veces, igual que lo han hecho otros, que no hay condición que no haya sido cumplida para que suceda el rapto. Mientras trabajamos en la obra que el Señor nos ha dado, esperamos con paciencia en Él, pero no debemos ser ignorantes acerca de este tiempo en la historia.

Aquellos que han muerto no se han "ido", no han dejado de existir. Están vivos y conscientes en el otro ámbito. El mejor ejemplo que jamás he escuchado para ayudarnos a entender esto es:

> Imagínese que usted va en su automóvil por el camino. Todo va bien. Las ventanas abiertas, el viento sopla y el sol brilla, y el radio a toda voz. De pronto, el motor comienza a hacer un ruido leve. Comienza a sentir golpes y tañidos

por todo el interior del auto. El pedal solo funciona con de forma intermitente. Usted chequea la aguja del combustible, tiene bastante. De pronto comienzan a encenderse luces y a brotar vapor, el aceite se sale, y usted detiene su auto en la cuneta del camino. El motor para. Usted pone las llaves en botón de arranque, pero el arrancador solo da vueltas, hasta que por fin, se da por vencido y deja de hacer ruido. Su auto está muerto. Cuando usted sale del auto, ¿deja de existir? Eso es la muerte, usted mismo, real y verdadero, saliendo de su auto muerto.

Al momento de morir el espíritu del creyente recibe una cubierta temporal, y está consciente en la presencia de Jesús. El Espíritu Santo en nosotros es la garantía de nuestro lugar en ese ámbito.

El cielo

Hay una equivocadísima idea acerca de muchos predicadores cristianos. He oído a gente decir que no entienden como los predicadores pueden regocijarse tanto porque la gente vaya al infierno. Déjeme asegurarle ahora mismo que para mí, ese no es el caso. Y si lo es para algunos, le aseguro que esos no representan las enseñanzas de Jesús. Dice la Escritura que Dios no quiere que ninguno perezca, sino que toda persona acepte la vida eterna (2 Pedro 3:9)

Sin embargo, toda la Escritura nos dice que los seres humanos vivirán para siempre; en la presencia de Dios en el cielo, o separados de Dios en el infierno. Daniel dio esta advertencia profética:

> Y muchos de los que duermen en el polvo de la tierra serán despertados, unos para vida eterna, y otros para vergüenza y confusión perpetua. Los entendidos resplandecerán como el resplandor del firmamento; y los

que enseñan la justicia a la multitud, como las estrellas a perpetua eternidad.

—DANIEL 12:12-3

La verdad de este pasaje nos da suficiente que pensar, pero mire lo que a mí me parece es la palabra más importante: *perpetua*. Daniel dijo que algunos de los muertos despertarán para vida y otros para vergüenza y confusión, pero ambos estados serán perpetuos.

Muchas teorías se han levantado para tratar de diluir, y hasta destituir esta verdad. Algunos han dicho que Dios no condenará a la gente al infierno para siempre, sino que los esfumará de la existencia. Otros han dicho que Dios, en algún momento del futuro eterno, redimirá a los que han sido consignados al infierno. Esta idea se llama universalismo, o reconciliación universal. Una versión de esa idea apareció recientemente en el libro de Rob Bell, *El amor gana*.

Estas ideas son atractivas, y de seguro nos anima el corazón, pero no están de acuerdo con la Escritura. La Escritura es clara acerca de la salvación. Jesús dijo: "Yo soy el camino, y la verdad, y la vida; nadie viene al Padre sino por mí" (Juan 14:6). En respuesta a la pregunta "¿qué debo hacer para ser salvo?", el apóstol Pablo dijo: "Cree en el Señor Jesucristo, y serás salvo, tú y tu casa" (Hechos 16:31). Más adelante, en el libro de Hebreos, leemos que la muerte física es como una línea dibujada sobre la arena. En Hebreos 9:27 leemos: "está establecido para los hombres que mueran una sola vez, y después de esto el juicio". Todo esto está en perfecto acuerdo con el cuadro pintado por Daniel.

La buena noticia es que para el creyente, Jesús prometió el cielo; y no castillos en el aire sino un verdadero lugar donde Él fue a preparar un hogar especial para cada uno de nosotros (Juan 14:1-6). ¿Y qué es?

En último término, el cielo es estar presentes con el Señor (2 Corintios 5:8), pero debemos entender que el cielo existe en una dimensión diferente a nuestra realidad actual. Segunda de Corintios 4:17-18 dice:

> Porque esta leve tribulación momentánea produce en nosotros un cada vez más excelente y eterno peso de gloria; no mirando nosotros las cosas que se ven, sino las que no se ven; pues las cosas que se ven son temporales, pero las que no se ven son eternas.

Una de las más grandes mentiras perpetradas contra los incrédulos es que este mundo, esta realidad, es todo lo que existe, y que es nuestra suprema experiencia. ¡No! Hay esferas que no podemos comenzar a ver ni entender, ¡y son eternas! Las cosas que podemos ver, este mundo, la enfermedad, las debilidades, el crimen, la pérdida, el desespero, todo eso es temporal. Las cosas que no podemos ver, esa dimensión, más allá de la cual nuestros sentidos corporales no pueden comprender, es un lugar donde todo lo que es temporal desaparece para siempre.

No habrá enfermedades, no habrá dolor ni sufrimiento. No dolerán los músculos ni los huesos. No habrá fracasos. No habrá crimen ni malicia. No habrá pérdidas, porque "morir es ganancia" (Filipenses 1:21).

El mismo concepto del tiempo es borrado en la eternidad. No hay ayer ni mañana en la eternidad; solo ahora. No hay nada "viejo" en el cielo. Apocalipsis 21:1-5 dice:

> Vi un cielo nuevo y una tierra nueva; porque el primer cielo y la primera tierra pasaron, y el mar ya no existía más. Y yo Juan vi la santa ciudad, la nueva Jerusalén, descender del cielo, de Dios, dispuesta como una esposa ataviada para su marido. Y oí una gran voz del cielo que decía: He aquí el tabernáculo de Dios con los hombres, y él morará con ellos; y ellos serán su pueblo, y Dios mismo estará con ellos como su Dios. Enjugará Dios toda lágrima de los ojos de ellos; y ya no habrá muerte, ni habrá más llanto, ni clamor, ni dolor; porque las primeras cosas pasaron.

Y el que estaba sentado en el trono dijo: He aquí, yo hago nuevas todas las cosas. Y me dijo: Escribe; porque estas palabras son fieles y verdaderas.

Fíjese en las palabras *nuevo, nueva, nuevas.* Jesús le dice a Juan, "Yo haré nuevas todas las cosas". Esto es fascinante. Esta es la palabra griega *kainós.* Significa "nuevo", pero no en la manera que la utilizamos en español. Para ayudarle a entender la enormidad de esto, preciso usar unas ilustraciones.

Un joven pastor que conozco bromea acerca de su debilidad por la comida, pero no comida en general, su debilidad es por comidas *nuevas.* Si su restaurante favorito promueve un plato nuevo él tiene que probarlo, aunque prefiera su pedido normal. Si su bebida favorita tiene un sabor nuevo, él tiene que probarlo también. Hay algo, dice él, acerca de la novedad de la experiencia.

A mí me gusta trabajar. Me gusta hacer. Para mí dormir es un descanso entre las cosas que tengo que hacer. Pero me encanta dormir, y lo que más me gusta es acostarme en una cama recién arreglada con sábanas con un conteo elevado de hilos, y un colchón y almohadas con soporte terapéutico; la frescura de las sábanas me incita a dormir. Pero inevitablemente, el lugar donde me acuesto se calienta, tengo que virar la almohada y ajustarme hasta que estoy tan profundamente dormido que el calor no me distrae.

Me encanta conversar con padres por primera vez. Es hermoso ver la maravilla de su situación. He estado en habitaciones con parejas jóvenes cuando les traen la criatura por primera vez, y he visto sus lágrimas de puro gozo rodar por sus mejillas.

Presento estos ejemplos, tan insustanciales como parecen, para tratar de expresar lo que quiso decir Jesús cuando dijo que Él haría nuevas todas las cosas. Antes que nada, Él usó la palabra *hacer.* Es un verbo en tiempo presente. En griego este verbo es presente activo indicativo. No se aleje de este pensamiento.

El misterio del mundo eterno

La palabra *nuevo* ya dije que es *kainós*. Lo que esto significa es "nuevo" en el sentido de que es "fresco", "sin usar". He hablado de esta palabra en otros libros, pero para nuestro propósito aquí, veamos lo que estas dos palabras, juntas, significan. En la eternidad del cielo, Jesús hará que todo esté en un estado inmediato, corriente, de novedad fresca. En cuanto las ilustraciones, imagínese si cada bocado de cada clase de alimento supiera como si fuera la primera vez que lo pruebe, *jamás*; imagínese llegar cansado después de un día agotador y acostarse en una cama tan perfectamente fresca que las sábanas nunca se calientan, y cuando se levanta refrescado y sale de la cama, se vira y ve la cama, perfectamente arreglada, esperando su regreso; imagínese encontrarse no solo con sus seres queridos, amigos, y santos de los que ha leído, o quizá nunca haya oído de ellos, pero con el Dios que lo entregó todo para hacer posible esta reunión; imagínese ver a Jesús por primera vez, y luego cada segundo de la eternidad sentirse como aquella primera vez. ¡En la eternidad Jesús hace nuevas todas las cosas!

La ciudad viajera

Habrá un nuevo cielo y una nueva tierra, pero Jesús reinará desde Jerusalén; solo que no es la Jerusalén que conocemos ahora. Juan, el discípulo amado vio esta ciudad y la midió. En Apocalipsis 21:10-21 leemos:

> Y me llevó en el Espíritu a un monte grande y alto, y me mostró la gran ciudad santa de Jerusalén, que descendía del cielo, de Dios, teniendo la gloria de Dios. Y su fulgor era semejante al de una piedra preciosísima, como piedra de jaspe, diáfana como el cristal. Tenía un muro grande y alto con doce puertas; y en las puertas, doce ángeles, y nombres inscritos, que son los de las doce tribus de los hijos de Israel; al oriente tres puertas; al norte tres puertas; al sur tres puertas; al occidente tres puertas.
> Y el muro de la ciudad tenía doce cimientos, y sobre

ellos los doce nombres de los doce apóstoles del Cordero. El que hablaba conmigo tenía una caña de medir, de oro, para medir la ciudad, sus puertas y su muro. La ciudad se halla establecida en cuadro, y su longitud es igual a su anchura; y él midió la ciudad con la caña, doce mil estadios; la longitud, la altura y la anchura de ella son iguales. Y midió su muro, ciento cuarenta y cuatro codos, de medida de hombre, la cual es de ángel. El material de su muro era de jaspe; pero la ciudad era de oro puro, semejante al vidrio limpio; y los cimientos del muro de la ciudad estaban adornados con toda piedra preciosa. El primer cimiento era jaspe; el segundo, zafiro; el tercero, ágata; el cuarto, esmeralda; el quinto, ónice; el sexto, cornalina; el séptimo, crisólito; el octavo, berilo; el noveno, topacio; el décimo, crisopraso; el undécimo, jacinto; el duodécimo, amatista. Las doce puertas eran doce perlas; cada una de las puertas era una perla. Y la calle de la ciudad era de oro puro, transparente como vidrio.

Es difícil concebir esta ciudad sin una comparación física. Ya no se hacen ciudades así, pero imagínese una fortaleza, una ciudad fortificada. La ciudad de Dios es cuadrada y cada lado mide aproximadamente 1 500 millas (2414 km) de largo. Ahora, compárela con esto: la ciudad de Dios en Apocalipsis abarca desde la costa oriental de los Estados Unidos hasta Colorado, y de la frontera con Canadá hasta la punta de la Florida. Esto significa un área de 2 250 000 millas cuadradas (3 621 024 km2).

Pero también leemos que la altura de la ciudad es igual a su anchura y longitud. La ciudad es igual de ancho que de largo. Tanto en forma de cubo como de pirámide, la ciudad es enorme. Si es un cubo, la ciudad mide 3 375 millones de millas cúbicas (5 431 536 000 km3). Y escuche esto: puede alojar cien millones de personas, dando a cada persona 2 000 pies cuadrados (609.6 m2) para vivir. ¡Y esa es solamente la ciudad desde donde Jesús reinará!

EL INFIERNO

Ya lo he dicho con anterioridad, pero merece decirse de nuevo: nunca es agradable hablar del infierno. Pero ese soy yo. Lo que es más importante es que Dios odia la idea de que ninguna de sus criaturas vaya al infierno. El infierno es un lugar que Dios creó por necesidad. Es un lugar creado específicamente "para el diablo y sus ángeles" (Mateo 25:41) y no para los hombres.

Así que, ¿por qué digo que hay algunos entre nosotros ahora y que han estado que se verán en ese estado de "confusión perpetua" (Daniel 12:2) de la profecía de Daniel? Porque no importa lo que yo crea o diga, lo que importa es lo que Jesús dijo, y Jesús enseñó que el infierno es un lugar literal donde los seres humanos irán si no le aceptan a Él como el Hijo de Dios y su Salvador.

Jesús quería con desesperación que la gente no fuera al infierno. Escuche sus dramáticas declaraciones en Marcos 9:43-48:

> Si tu mano te fuere ocasión de caer, córtala; mejor te es entrar en la vida manco, que teniendo dos manos ir al infierno, al fuego que no puede ser apagado, donde el gusano de ellos no muere, y el fuego nunca se apaga. Y si tu pie te fuere ocasión de caer, córtalo; mejor te es entrar a la vida cojo, que teniendo dos pies ser echado en el infierno, al fuego que no puede ser apagado, donde el gusano de ellos no muere, y el fuego nunca se apaga. Y si tu ojo te fuere ocasión de caer, sácalo; mejor te es entrar en el reino de Dios con un ojo, que teniendo dos ojos ser echado al infierno, donde el gusano de ellos no muere, y el fuego nunca se apaga.

¡Piense en la enormidad de esto! ¿Su ojo le es causa de pecado? "Sáqueselo", dice Jesús. Es mejor ser ciego, deforme, y con dificultades físicas que dejar que su cuerpo intacto entre en el infierno.

Debemos tener cuidado con el infierno. La idea general es que es un lugar gobernado por Satanás, que ordena a sus demonios a torturar a los que Dios a condenado; es un lugar de fuego y carne quemándose y los que van permanecerán en el fuego que no se consume mientras son apuñaleados con horquetas por toda la eternidad.

Amigos, ese no es el infierno.

Veamos algunos de los lugares en la Escritura que mencionan el infierno. En los versículos anteriores (Marcos 9) Jesús usó la palabra *géenna* (gehena) para el "infierno". Este era un valle fuera de la ciudad de Jerusalén donde quemaban en hornos a niños como ofrenda a Baal. Ya para los tiempos de Jesús se había convertido en el basurero de la ciudad. Pero no se imagine un basurero de la manera civilizada que lo conocemos hoy. Los cadáveres descompuestos de los criminales eran echados al Gehena, y los perros salvajes venían y comían la carne. Los desechos estaban siempre llenos de gusanos, y había fuegos constantemente ardiendo por todo el valle.

Cuando Jesús habló del *géenna*, no dijo que el Valle de Gehena es el lugar donde los impenitentes eran relegados por la eternidad, sino que escogió el ejemplo más vívido y repugnante que pudo encontrar para explicarnos que el infierno es un lugar que debemos evitar.

Y, ¿qué es el infierno? Es una pregunta difícil de contestar, porque para entenderla primero tenemos que entender lo que el infierno no es.

Cada día que usted se despierta, usted es el beneficiario de la gracia anticipada de Dios. Esto significa que dios le ama, aunque usted no sea convertido, en muchas maneras igual que Él ama a sus hijos fieles. Usted recibe el beneficio de la luz del sol, las brisas frescas, la lluvia, el fruto de la tierra; usted milagrosamente escapa de un accidente automovilístico, o quizá encuentra favor en cualquier otra manera. Dios derrama su amor sobre usted y usted se beneficia con la presencia del Espíritu Santo cada día de su vida. Dios usa su gracia para atraer a los impenitentes.

Todo esto desaparece en el infierno. Para siempre. La razón porque Jesús usó una imagen tan gráfica es que nosotros nunca podríamos entender las implicaciones si hubiera dicho: "El infierno es carecer de toda la gracia y la presencia de Dios". Esto lo oímos y no parece mucho. Pero es el horror que menos nos podríamos imaginar de ese estado de vida. Imagínese nunca sonreír, no porque no haya nada porque sonreír (y no lo habrá), sino por no tener la capacidad de sentir gozo. Imagínese no poder reír jamás, no porque no haya nada porque reír (y no lo habrá), sino por no tener la capacidad de reír. Imagínese nunca sentir la necesidad de cantar, bailar, dar vueltas, asombrarse, imaginar, crear, sostener una relación, conectarse con otros seres humanos ¡*nunca jamás*! Imagínese recordar sin ser recordado. Trate de imaginar, si puede, nunca más decir: "¡Gracias a Dios!" por nada (aunque ahora lo diga con ligereza), no porque no tenga nada que agradecer (y no lo tendrá), sino porque el concepto de la gratitud no existe para usted.

Ese es el infierno.

El tormento del infierno no es fuego y azufre, horquetas y garras, o, como supuso Dante, animales deambulando, lujuria insatisfecha, lluvia helada, pantanos fétidos, ni ningún tipo de violencia eterna. El infierno es un lugar completamente vacío de Dios.

La respuesta inevitable

Esto lo he compartido con otros antes, y cada vez escucho lo mismo: "Pero eso no es justo", protestan. "No tener pruebas de Dios aquí y entonces morir y ver que el infierno es real, solo para no poder elegir entonces, no está bien". Y con igual frecuencia oigo: "No puedo creer que haya un Dios que envíe a la gente al infierno por toda la eternidad solo porque decidieron no someterse".

Permítame ser claro: Dios "envía" al infierno solo al diablo y sus ángeles. Toda otra persona que hace del infierno su hogar eterno lo hace porque ha rechazado el amor y la gracia de Dios.

En Ezequiel 18:25-32 Dios se enfrentó a esta actitud en el pueblo de Israel:

> Y si dijereis: No es recto el camino del Señor; oíd ahora, casa de Israel: ¿No es recto mi camino? ¿no son vuestros caminos torcidos? Apartándose el justo de su justicia, y haciendo iniquidad, él morirá por ello; por la iniquidad que hizo, morirá. Y apartándose el impío de su impiedad que hizo, y haciendo según el derecho y la justicia, hará vivir su alma. Porque miró y se apartó de todas sus transgresiones que había cometido, de cierto vivirá; no morirá. Si aún dijere la casa de Israel: No es recto el camino del Señor; ¿no son rectos mis caminos, casa de Israel? Ciertamente, vuestros caminos no son rectos.
>
> Por tanto, yo os juzgaré a cada uno según sus caminos, oh casa de Israel, dice Jehová el Señor. Convertíos, y apartaos de todas vuestras transgresiones, y no os será la iniquidad causa de ruina. Echad de vosotros todas vuestras transgresiones con que habéis pecado, y haceos un corazón nuevo y un espíritu nuevo. ¿Por qué moriréis, casa de Israel? Porque no quiero la muerte del que muere, dice Jehová el Señor; convertíos, pues, y viviréis.

Eso es lo que Dios le dice a usted, a mí, a todos nosotros. Nuestros caminos, nuestros planes, nuestras ideas, nuestros pensamientos, todos son imperfectos, y nos llevan a la destrucción. Pero el Dios del universo dice: "¡convertíos, y viviréis!"

El misterio revelado

Dicho sencillamente, toda persona que ha nacido está, desde el momento de la concepción (y aún desde antes de la fundación del mundo) destinada para la eternidad. Es nuestro lugar legítimo. Es el hogar que Dios propuso para nosotros. Pero Dios nos dio una voluntad para elegir y nunca violará esa libertad. Si escogemos aceptarle, entonces la maravilla de la belleza del cielo, la nueva Jerusalén, los nuevos cielos, y la nueva tierra nos esperan. Si escogemos rechazarlo, Él ha preparado un lugar donde podamos ir que honre nuestros deseos y todas sus implicaciones.

Segundo, cada persona que ha nacido tiene, según las palabras de los músicos Nuno Bettencourt y Gary Cherone, "un hueco en el corazón". A todos nos falta una pieza. Tratamos de llenar el hueco con el éxito, el dinero, las relaciones, los entretenimientos, la comida, las drogas, el sexo, y tantas otras cosas que nuestro corazón inventa, pero la única manera de estar completos es cuando nos reconciliamos con nuestro Creador.

Dios no desea que nadie se pierda, pero su santidad, su justicia, exige que nuestros deseos sean respetados. Aceptamos el sacrificio de su precioso Hijo Jesús, estaremos en la eternidad con Él. Si rechazamos a Jesús y escogemos ir por nuestro propio camino pasaremos la eternidad totalmente ausentes de Él.

Jesús dejó bien claro en Apocalipsis 21:8 que algunos no entrarían a la eternidad con Él cuando dijo:

> Pero los cobardes e incrédulos, los abominables y homicidas, los fornicarios y hechiceros, los idólatras y todos los mentirosos tendrán su parte en el lago que arde con fuego y azufre, que es la muerte segunda.

Pero para los que aceptan el sacrificio y el señorío de Jesús, dijo:

> He aquí el tabernáculo de Dios con los hombres, y él morará con ellos; y ellos serán su pueblo, y Dios mismo estará con ellos como su Dios. Enjugará Dios toda lágrima de los ojos de ellos; y ya no habrá muerte, ni habrá más llanto, ni clamor, ni dolor; porque las primeras cosas pasaron.
> —APOCALIPSIS 21:3-4

Hay una eternidad que pasaremos en algún lugar. Es nuestro destino. Usted fue creado para el cielo y no para el infierno, pero su destino eterno lo decidirá su decisión en la tierra. ¡Decídase por Jesús! ¡Conviértase, y viva!

Epílogo

El MISTERIO de DIOS CONSUMADO

E N APOCALIPSIS 10:7 leemos que "el misterio de Dios se consumará". Este anuncio tiene lugar en los días "cuando el ángel de Dios comience a tocar la trompeta". Es claro que este "toque" dure un tiempo extenso. Recuerde que en Apocalipsis hay tres tiempos terribles de juicio: los siete sellos que se abren, y luego el séptimo sello da paso a los siete juicios de trompeta. Los siete juicios de trompeta anuncian las siete copas de ira derramadas (vea Apocalipsis 6-16).

Este anuncio también será la señal de la horrible verdad de que ha llegado el fin del juicio supremo de Satanás, el pecado, y todo sistema humano. Apocalipsis 10:6 dice: Juró [el ángel] por el que vive por los siglos de los siglos, que creó el cielo y las cosas que están en él, y la tierra y las cosas que están en ella, y el mar y las cosas que están en él, que el tiempo no sería más. Dios ha pospuesto los juicios finales de la humanidad. Ese largo período de misericordia tiene que llegar a su fin.

La séptima trompeta anuncia la última ola de la ira de Dios sobre el mal. En capítulos anteriores hemos visto el "misterio de la iniquidad" que ha estado obrando en la tierra desde la caída de Satanás y desde la caída de Adán en el huerto; los terribles efectos de la maldad de un vientre tenebroso en la historia humana. La tierra es un vasto cementerio que lleva la marca del diseño de Satán y muchos males. Los días del "cuando el ángel de Dios comience a tocar la trompeta" (Apocalipsis 10:7) anuncian grandes acontecimientos en el cielo y en la tierra. Jesús tomará posesión de la tierra cuando regrese a reinar (vea Apocalipsis 19:11)

En aquellos días todas las cosas ocultas serán reveladas. En contexto, parecería que Satanás, el pecado, el anticristo, el falso profeta, el gobierno humano, la religión creada por hombres, el sistema económico, y la sabiduría humana todas serán derribadas. ¡Todos estos sistemas serán expuestos por sus fracasos, incompetencia, y necedad! Cuando leemos Apocalipsis 10 al 22 nos damos cuenta que Jesús destruirá toda iniquidad.

Ese momento épico anunciará el regreso inminente de Jesús a la tierra y la final transferencia de toda autoridad en la tierra a su reino soberano. En el reino de Jesús toda la maldad será vencida, Satanás y el anticristo derrotado, el pueblo judío será restaurado, la economía se desplomará, se llevará a cabo la última campaña de Armagedón, y Jesucristo descenderá de nuevo a la tierra. A su llegada, sus vestiduras tendrán escrito "Rey de reyes y Señor de señores" (Apocalipsis 19:16)

En Juan 19:30 Jesús dijo: "Consumado es". Esto fue un dicho profético que indicó que la cruz había desatado la palabra que traería el fin de Satanás, la muerte, y la maldad. Apocalipsis anuncia el cumplimiento de lo que el Calvario forjó para nosotros. Hebreos 4:3 declara que las obras suyas estaban acabadas desde la fundación del mundo. ¡Por fin, el misterio es revelado y consumado!

El misterio consumado no solo anuncia el fin del reinado del mal, también anuncia la coronación del Jesús que está por suceder en la tierra (Apocalipsis 11:15-19). En Apocalipsis 10:6-7 la tardanza habrá llegado a su fin, y los misterios serán revelados. Una humanidad redimida tendrá conocimiento total. Ahora solo conocemos "en parte" (1 Cor. 13:9-10). El misterio revelado es que viene un día glorioso cuando el trabajo cesará y no habrá más misterio.

¡Aquel día veremos la destrucción del plan de Satanás y la restauración de la humanidad a la intención original de Dios!

La verdad maravillosa ya no será un secreto. La humanidad será restaurada y vivirá en una eternidad de gozo y sin muerte.

> Puede ser de mañana cuando el día comienza
> Cuando la luz del sol las tinieblas rompe
> Tal vez al mediodía, o al atardecer
> O quizá las tinieblas de la medianoche
> Exploten en luz al resplandecer de su gloria
> Cuando Jesús a "los suyos" reciba.[1]

El deseo de Jesús es pasar la eternidad con usted y revelarle todo misterio.

BIBLIOGRAFÍA

Antonacci, Mark. *The Resurrection of the Shroud: New Scientific, Medical, and Archeological Evidence*. New York: M. Evans & Co., 2000.

Banks, William D. *The Heavens Declare*. Kirkwood, MO: Impact, 1985.

Blum, Howard. *The Gold of Exodus: The Discovery of the True Mount Sinai*. New York: Simon & Schuster, 1998.

Bucklin, Robert. "An Autopsy on the Man of the Shroud." 2007. http://shroud.com/bucklin.htm (consultado el 23 de mayo de 2013).

Castleden, Rodney. *Atlantis Destroyed*. New York: Routledge, 2001.

Dake, Finis J., Mark Allison, and David Patton. *Another Time, Another Place, Another Man: A Biblical Alternative to the Traditional View of Creation*. Lawrenceville, GA: Dake Publishing, 1997.

Feinberg, Charles Lee. *Israel at the Center of History & Revelation*. Portland, OR: Multnomah Press, 1980.

Fisk, Robert. "The United States of Israel?" *Counterpunch*, April 27, 2006. http://www.counterpunch.org/2006/04/27/the-united -states-of-israel/ (consultado el 23 de mayo de 2013).

Fleming, John. *The Fallen Angels and the Heroes of Mythology*. Dublin: Hodges, Foster, & Figgis, 1879.

Foster, Karen Polinger, Robert K. Ritner, and Benjamin R. Foster. "Texts, Storms, and the Thera Eruption." *Journal of Near Eastern Studies* 55, no. 1 (1996): 1–14.

Graham, Billy. *Angels: God's Secret Agents*. Garden City, NY: Doubleday, 1975.

Greene, Brian. *The Elegant Universe: Superstrings, Hidden Dimensions, and the Quest for the Ultimate Theory*. New York: W. W. Norton & Company, Inc., 1999.

Horn, Thomas R. *Nephilim Stargates: The Year 2012 and the Return of the Watchers*. Crane, MO: Anomalos Publishing, 2007.

Hutchings, Noah, Bob Glaze, and Larry Spargimino. *Marginal Mysteries: A Biblical Perspective*. Crane, MO: Defender, 2012.

Jones, Brandon. "Mona Eltahawy, Egyptian Born MSNBC Pundit, Arrested for Vandalizing Pro-Israel Poster." *The Global Dispatch*, 27 de septiembre de 2012. http://www.theglobaldispatch.com/mona-eltahawy-egyptian-born-msnbc-pundit-arrested-for-vandalizing-pro-israel-poster-video-24309/ (consultado el 23 de mayo de 2013).

Josephus, Flavius. *The Works of Josephus: Complete and Unabridged*. Translated by William Whiston. Peabody, MA: Hendrickson, 1987.

Kilkenny, Niall. "The United States of Israel." 2010. http://www.reformation.org/united-states-of-israel-pdf.html (consultado el 23 de mayo de 2013).

Larkin, Clarence. *Dispensational Truth, or, God's Plan and Purpose in the Ages*. Philadelphia: Rev. Clarence Larkin Estate, 1920.

Masefield, John. *The Trial of Jesus*. New York: The MacMillan Company, 1925.

Mavor, James W. *Voyage to Atlantis: The Discovery of a Legendary Land*. New York: Putnam, 1969.

Mills, Philo Laos. *Prehistoric Religion: A Study in Pre-Christian Antiquity*. Washington: Capital Publishers, Inc., 1918.

Montgomery, John Warwick. *History & Christianity*. Downers Grove, IL: InterVarsity Press, 1971.

Morison, Frank. *Who Moved the Stone?* New York: The Century Co., 1930.

Pember, G. H. *Earth's Earliest Ages and Their Connection with Modern Spiritualism and Theosophy*. New York; Chicago: Fleming H. Revell Co., 1900.

Philo. *The Works of Philo: Complete and Unabridged*. Translated by Charles Duke Yonge. Peabody, MA: Hendrickson, 1993.

Quintilianus, Marcus Fabius. *The Lesser Declamations 1*. Cambridge, MA: Harvard University Press, 2006.

The Book of Jasher. Eastbourne, England: Gardners, 2010.

The Ugly Truth. "The United States of Israel" (video). http://theugly-truth.wordpress.com/2011/03/30/the-united-states-of-israel/ (consultado el 23 de mayo de 2013).

Thomas, W. H. Griffith. "Proofs of the Resurrection." *Moody Bible Institute Monthly* 22, no. 1, septiembre 1921.

Notas

2—El misterio de los días de Noé

1. G.H. Pember, *Earth's Earliest Ages* (Whitefish, MT: Kessinger Publishing, 2003). Visto en Google Books.
2. Ibíd.
3. Flavio Josefo, *The Works of Josephus: Complete and Unabridged*, traducido por William Whiston (Peabody, MA: Hendrickson, 1987).
4. Philo Judaeus, *The Works of Philo: Complete and Unabridged*, traducido por Charles Duke Younge (Peabody, MA: Hendrickson, 1993).
5. Charles Deloach, *Giants* (Lanham, MD: Scarecrow Press, 1995).
6. Mohamed Cherif, *The Giants* (n.p., The Book Edition, n.d.).
7. Wikipedia. "Homo heidelbergensis". http//en.wikipedia.org/wiki/Homo_heidelbergensis (consultado en línea, 20 de mayo de 2013).
8. Ted Twietmeyer, "Evidence of Giants Who Walked the Earth". http://rense.com/general79/giants.htm (consultado en línea, 20 de mayo de 2013).
9. United States Census Bureau, "World Population: 1950-2050", http://www.census.gov/population/international/data/idb/worldpopgraph.php (consultado en línea, 20 de mayo de 2013).
10. United Nations, Department of Economic and Social Affairs. "World Population Prospects, the 2010 Revision," http://esa.un.org/wpp/Analitical-Figures/htm/fig_1.htm (consultado en línea, 20 de mayo de 2013).
11. MooresLaw.org. "Moore's Law," http://www.mooreoslaw.org/ (consultado en línea, 20 de mayo de 2013).

3—El misterio de la Gran Pirámide

1. Auguste Mariette, *The Monuments of Upper Egypt* (N.p.: A. Mourès, 1877).
2. Greatpyramid.org. "The Great Pyramid," http://greatpyramid.org/aip/gr-pyr1.htm (consultado en línea, 20 de mayo de 2013).
3. National Geographic, "Great Pyramid," http://www.nationalgeographic.com/pyramids/khufu.html (consultado en línea, 20 de mayo de 2013).
4. Greatpyramid.org. "The Great Pyramid".
5. World-Misteries.com. "Mystic Places—The Great Pyramid," http://www.world-mysteries.com/mpl_2.htm (consultado en línea, 20 de mayo de 2013).
6. Greatpyramid.org. "The Great Pyramid."

7. Patrick Heron, *The Nephilim and Pyramid of Apocalypse* (New York: Kensington Publishing Group, 2004).

8. The Great Pyramid, http://www.europa.com/~edge/pyramid.html (consultado en línea, 14 de junio de 2013)

9. Theodore Spencer Case and Warren Watson, eds., *The Kansas City Review of Science and Industry* (Kansas City, MO:Ramsey, Millett & Hudson, 1879). Visto en Google Books.

10. J. Bernard Nicklin, *Testimony in Stone* (Merrimac, MA: Destiny, 1961)-17.

11. Gizapyramid.com. "An Arab Who Got the Shock of His Life on the Summit". http://www.gizapyramid.com/gip2.htm (consultado en línea, 20 de mayo de 2013).

12. Merrill F. Unger. *The New Unger's Bible Dictionary* (Chicago: Moody Publishers, 2006).

4—El misterio de Sodoma y Gomorra

1. Wyatt Archeological Research. "Cities of the Plain." http://www.wyattmuseum.com/cities-of-the-plain.htm (consultado en línea, 20 de mayo de 2013).

2. Flavio Josefo. *The Life and Works of Flavius Josephus* (Whitefish, MT: Kessinger Publishing, 2006). Traducido por William Whiston.

5—El misterio de Melquisedec

1. *The Book of Jasher* (Eastbourne, England: Gardners, 2010).

6—El misterio de la ciudad perdida de Atlantis

1. Wikipedia.org. "Uniformitarianism." http://en.wikipedia.org/wiki/Uniformitarianism (consultado en línea, 21 de mayo de 2013).

2. Lawrence Durell, *The Greek Islands* (London: Faber & Faber, 2002) in Kathleen Burke, "Archeology and Relaxation in Santorini." *Smithsonian.com* 28 de Julio de 2011. http://www.smithsonianmag.com/travel/europe-asia-pacific/Archeology-and-Relaxation-in-Santorini.html (consultado en línea, 21 de mayo de 2013).

3. Rodney Castleden, *Atlantis Destroyed* (New York: Routledge, 2001), 117.

4. Charles Pellegrino, *Unearthing Atlantis* (New York: Random House, 1991), 13-27.

5. Ibíd.

6. Ibíd.

7. Karen Polinger Foster, Robert K. Ritner, and Benjamin R. Foster, "Texas, Storms, and the Thera Eruption", *Journal of Near Eastern Studies 55*, no. 1 (1996): 1-14.

7—El misterio de los ángeles

1. Francis Brown, S. Drive, and C. Briggs, *Brown-Driver-Briggs Hebrew and English Lexicon* (n.p. Hendrickson Publishers, 1996).
2. Billy Graham, *Angels: God's Secret Agents* (Garden City, NY: Doubleday and Company, Inc., 1975, 1995) 30.

8—El misterio del monte Sinaí

1. Para obtener más información vea Howard Blum, *The Gold of Exodus: The Discovery of the True Mount Sinai* (New York: Simon & Schuster, 1998).

9—El misterio del arca del testimonio perdida

1. Esta palabra *padre* aquí significa "antepasado"; también muestra la autoridad de Josías como rey y las semejanzas de su corazón y el de su padre David, según el corazón de Dios. El reino de Josías sucedió dieciséis generaciones después de David.
2. Wyatt Archeological Research, "The Ark of the Covenant", http://www.wyattmuseum.com/arkofthecovenant.htm (consultado en línea, 21 de mayo de 2013).
3. Marcus Fabius Quintilianus, *The Lesser Declamations 1* (Cambridge, MA: Harvard University Press, 2006).
4. Wyatt Archeological Research, "The Ark of the Covenant Special Article," http://www.wyattmuseum.com/ark_of_the_covenant_special.htm (consultado en línea, 21 de mayo de 2013).
5. Ibíd.
6. Ibíd.
7. Ibíd.
8. Ibíd.

11—El misterio del jánuca

1. About.com. "What is Hanukkah?" http://judaism.about.com/od/holidays/a/hanukkah.htm (consultado en línea, 22 de mayo de 2013).

12—El misterio de Cristo

1. Living.org, "The Matchless Pearl", http://livingtheway.org/pearl.html. Usado con permiso.

13—El misterio de los magos

1. Según aparece en Roger Highfield, *The Physics of Christmas* (New York: Hachette Book Group, 1998) consultado en Google Books.

14—El misterio de la tumba vacía

1. Esto fue contado al autor por un oficial del Jardín de la Tumba durante uno de sus veintidós viajes a Israel. La cita también se encuentra en John J. Russeau and Rami Arav, Jesus and His Word (Minneapolis, MN: Augsburg Fortress, 1995). Consultado en Google Books.

2. Holy Land Voyager, "The Garden Tomb." http://www.tourstotheholyland.com/christian-travel-guide/christian-sites/the-garden-tomb.aspx (consultado en línea, 22 de mayo de 2013).

3. W.H. Griffith Thomas, "Proofs of the Resurrection", *Moody Bible Institute Monthly* 22, no. 1, (septiembre 1921).

4. Frank Morison, *Who Moved the Stone?* (New York: The Century Co., 1930).

5. Como fuera citado en John Stott, *Basic Christianity* (Grand Rapids, MI: Wm. B. Eerdmans Publishing, 1958).

6. John Masefield, *The Trial of Jesus* (New York: The MacMillan Company, 1925).

7. John Warwick Montgomery, *History & Christianity*, (Downes Grove, IL: InterVarsity Press, 1971), 78.

8. Como fuera relatado en W.A. Chriswell, *Why I Preach that the Bible Is Literally True* (Nashville: Broadman & Holman, 2000), 167.

15—El misterio del manto sagrado de Turín

1. Britannica.com, "Shroud of Turin." http://www.britannica.com/EBchecked/topic/609725/Shroud-of-Turin (consultado en línea, 22 de mayo de 2013).

2. Wikipedia.org. http://en.wikipedia.org/wiki/Radiocarbon_14_dating_of_the_Shroud_of_Turin.

3. Harry E. Grove, *Relic, Icon or Hoax?* (Bristol, UK: Institute of Physics Publishing, 1996).

4. TheHolyShroud.net. "Where Was the Shroud From 1204 to 1357?" http://www.theholyshroud.net/KnightsTemplar.htm (consultado en línea, 22 de mayo de 2013).

5. Ibíd.

6. TheHolyShroud.net, "History of the Shroud", http://www.theholyshroud.net/History.htm (consultado en línea, 20 de junio de 2013)

7. PBS.org, "Case File: Shroud of Christ?", http://www.pbs.org/wnet/secrets/previous_seasons/case_shroudchrist/ (consultado en línea, 20 de junio de 2013).

8. Shroud.com, "Shroud History", http://www.shroud.com/history.htm (consultado en línea, 20 de junio de 2013).

9. TheHolyShroud.net, "History of the Shroud".

10. Mark Guscin, "The Sudarium of Oviedo: Its History and Relationship to the Shroud of Turin." http://shroud.com/guscin.htm (consultado en línea, 23 de mayo de 2013).

11. Robert Bucklin, "An Autopsy on the Man of the Shroud." http://shroud.com/bucklin.htm (consultado en línea, 22 de mayo de 2013).

12. Ibíd.

13. Ibíd.

14. Ibíd.

15. Ibíd.

16. Ibíd.

17. Ibíd.

18. Victor Volland, "Floral Images on Shroud of Turin Intrigue Botanist—He Believes Plants Prove Cloth Dates from Time of Jesus," *St. Louis Post-Dispatch,* June 8, 1997. http://www.questia.com/library/1P2-33075091/floral-images-on-shroud-of-turin-intrigue-botanist (consultado en línea, 22 de mayo de 2013).

19. Shroud2000.com. "Evidence From Pollen and Flower Images," http://shroud2000.com/ArticlesPaper/Article-PollenEvidence.html (consultado en línea, 22 de mayo de 2013).

20. Mark Antonacci. *The Resurrection of the Shroud* (New York: M.Evans and Company, Inc., 2000).

21. Ibíd.

22. Mark Antonacci y Arthur Lind, "Particle Radiation From the Body" Resurrection of the Shroud Foundation. Htpps://docs.google.com/document/d/19tGkwrdg6cu5mH-RmlKxHv5KPMOL49qEU8MLGL6ojHU/edit?hl=en_US (consultado en línea, 22 de mayo de 2013).

23. Ibíd.

24. Ibíd.

25. Ibíd.

26. Antonacci, *The Resurrection of the Shroud.*

27. Ibíd.

16—El misterio de la iglesia

1. Historia contada por el difunto Stephen Olfu en un sermón en una Conferencia de Evangelismo en Alabama en 1981 en Birmingham, Alabama.

19—El misterio de la sobrevivencia de Israel

1. Reimpreso de *Mark Twain, Collected Tales, Sketches, Speeches and Essays: 1891-1910* (New York: Library of America, 1992).

2. Ibíd.

3. Robert Fisk, "The United States of Israel?" *Countrpunch,* April 27, 2006. http://counterpunch.org/2006.04/27.the-united-states-of-israel (consultado en línea, 22 de mayo de 2013); *The Ugly Truth.* "The United States of Israel" (video), 30 de marzo de 2011, http://theuglytruth. wordpress.com/2011/03/30/the-united-states-of-israel (consultado en línea, 4 de agosto de 2012); Niall Kilkenny, "The United States of Israel." 2010, http://www.reformation.org/united-states-of-israel-pdf.html (consultado en línea, 22 de mayo de 2013).

4. Brandon Jones, "Mona Eltahawy, Egyptian-Born MSNBC Pundit, Arrested for Vandalizing Pro-Israel poster," *The Global Dispatch,* 27 de septiembre de 2012, http://www.theglobaldispatch.com/mona-eltahawy -egiptian-born-msnbc-pundit-arrested-for-vandalizing-pro-israel-poster -video-24309 (consultado en línea, 22 de mayo de 2013).

5. Fadi Eyadat. "Survey Finds Nearly Half of Israeli Arabs Deny Holocaust." http://www.haaretz.com/print-edition/news/survey-finds -nearly-half-of-israeli-arabs-deny-holocaust-1.276206 (consultado en línea, 22 de mayo de 2013).

6. Citado de Lasthour.com, "Israel, the 20th Century Miracle", http://www.lasthour.com/miracle_of_Israel.htm (consultado en línea, 14 de junio de 2013).

7. Ministerio de Relaciones Exteriores de Israel, "The Six-Day War Introduction," http://www.mfa.gov.il/mfa/foreignpolicy/mfadocuments/ yearbook1/pages/the%20six-day%20war%20-%20introduction.aspx (consultado en línea, 22 de mayo de 2013).

20—El misterio de la iniquidad y el antricristo

1. Walter Pacheco, Sarah Lundy, and Amy L. Edwards. "Remains identified as missing toddler Caylee Anthony," *Orlando Sentinel,* 19 de diciembre de 2008. http://www.orlandosentinel.com/news/local .breakingnews/orl-bk-caylee-anthony-body-dna-121908.0.1859200.story (consultado en línea, 22 de mayo de 2013).

2. Katie Escherich. "TIMELINE: Caylee Anthony Case Captivates Country." ABC News, 5 de Julio de 2011, http://abcnews.go.com/TheLaw/ caylee-anthony-case-timeline-autopsy-released.story?id=6448060# .UZ36XNJzEZB (consultado en línea, 23 de mayo de 2013).

3. Jessica Hooper, Emily Friedman, and Aaron Katersky, "Casey Anthony Trial: Not Guilty Murder Verdict." http://abcnews.go.com/ US/casey_anthony_trial/casey-anthony-guilty-murder-caylees-death/ story?id=13987918 (consultado en línea, 22 de mayo de 2013).

4. Devin Dwyer, Kevin Dolas, Dean Schabner, and Emily Friedman. "Cops Hunt Second Man Believed to Be Involved in Congresswoman

Giffords Shooting," ABC News, 8 de enero de 2011, http://abcnews.go
.com/Politics/rep-gabrielle-giffords-shot-grocery-store-event/story?id
=12571452#.UZ38i9JzEZA (consultado en línea, 23 de mayo de 2013).

5. Piers Morgan Tonight, "Interview With President Mahmoud Ahmadinejad," 24 de septiembre de 2012. http://transcripts.cnn.com/
TRANSCRIPTS/1209/24/pmt.01.html (consultado en línea, 23 de mayo de 2013).

6. *Haaretz*. "Ahmadinejad at Holocaust Conference: Israel Will 'Soon Be Wiped Out,'" 12 de diciembre de 2006. http://www.haaretz
.com/news/ahmadinejad-at-holocaust-conference-israel-soon-to-be
-wiped-out-1.206977 (consultado en línea, 23 de mayo de 2013).

7. International Campaign for Human Rights in Iran, "Stand Up to Ahmadinejad's Falsehoods," 20 de septiembre de 2010. http://www
.iranhumanrights.org/2010/09/ahmadinejad-lies/ (consultado en línea, 23 de mayo de 2013).

8. Piero Scaruffi, "The Worst Genocides of the 20th and 21st Centuries," http://scaruffi.com/politics/dictat.html (consultado en línea, 23 de mayo de 2013).

9. Ibíd.

10. Ibíd.

11. Daryna Krasnolutska and Halia Pavliva, "Ukraina Irks Russia With Push to Mark Stalin Famine as Genocide," Bloomberg, 3 de enero de 2008. http://www.bloomberg.com/apps.news?pid=newsarchive&sid=akRd
u1cuBPKg&refer=erurope (consultado en línea, 23 de mayo de 2013).

12. Scaruffi, "The Worst Genocides of the 20th and 21st Centuries."

13. Ibíd.

Epílogo—El misterio de Dios consumado

1. "Christ Returneth" by H.L. Turner. Dominio público.